陈嘉庚
闽商智慧

Tan Kah Kee

and His Virtues as a Min Merchant

郑文礼　等 ● 编著

厦门大学出版社
XIAMEN UNIVERSITY PRESS
国家一级出版社
全国百佳图书出版单位

图书在版编目（CIP）数据

陈嘉庚闽商智慧 / 郑文礼等编著. -- 厦门：厦门大学出版社，2024.10. -- ISBN 978-7-5615-9549-7

Ⅰ. F279.23

中国国家版本馆 CIP 数据核字第 2024C526M8 号

责任编辑	江珏玛
美术编辑	李嘉彬
技术编辑	朱　楷

出版发行　**厦门大学出版社**

社　　址　厦门市软件园二期望海路 39 号

邮政编码　361008

总　　机　0592-2181111　0592-2181406（传真）

营销中心　0592-2184458　0592-2181365

网　　址　http://www.xmupress.com

邮　　箱　xmup@xmupress.com

印　　刷　厦门集大印刷有限公司

开本　787 mm×1 092 mm　1/16

印张　11.75

插页　2

字数　200 千字

版次　2024 年 10 月第 1 版

印次　2024 年 10 月第 1 次印刷

定价　48.00 元

本书如有印装质量问题请直接寄承印厂调换

厦门大学出版社
微信二维码

厦门大学出版社
微博二维码

前　言

　　企业家精神是指企业家在创办和经营企业的过程中展现出的一种综合素质，包括创新精神、冒险精神、诚信精神、合作精神和责任感等。这些素质不仅体现了企业家的个人品质和能力，也反映了企业家的社会责任感和使命感。当前，随着我国经济的高速增长和全球化浪潮的席卷，企业家精神在推动国家经济繁荣、社会进步和技术创新方面扮演着举足轻重的角色。特别是在党的二十大之后，我国政府对企业家精神的重视达到了新的高度，将其作为引领中国经济高质量发展的新引擎。

　　闽商，作为中国商业史上不可或缺的一部分，以其独特的商业智慧、坚韧不拔的奋斗精神以及对家国民族的深情厚谊，书写了辉煌的篇章。陈嘉庚先生，这位20世纪东南亚商界的杰出代表，以其卓越的商业才能、无私的爱国情怀和深远的教育贡献，不仅铸就了个人传奇，更成为闽商精神的典范。笔者以厦门大学管理学院课程"人力资源与组织行为理论研究"为基础，带领研究团队（团队成员包括胡丽婷、邓家乐、钱澳、郭书清、张翔）编撰《陈嘉庚闽商智慧》一书，旨在挖掘并传承以陈嘉庚为代表的闽商精神财富，并在新时代背景下深入探讨闽商这一独特群体的企业家精神的内涵与意义，为社会的进步与发展贡献智慧和力量。

　　作为闽商的杰出代表，陈嘉庚先生的生平事迹与精神内核，是理解并传承闽商精神的重要窗口。陈嘉庚先生一生爱国兴学，投身救亡斗争，推动华侨团结，争取民族解放，被誉为"华侨旗帜，民族光辉"。20世纪初，他白手起家，艰苦创业，在东南亚商界崭露头角，凭借敏锐的洞察力和不懈的努力，成就了个人事业的辉煌。然而，陈嘉庚先生并未沉迷于个人的物质享受，而是将目光投向了更为深远的地方——教育。他深知教育对于国家民族未来的重要性，因此毅然决定倾资办学，先后创建了集美学村和厦门大学，为青年一代打开了知识的大门，也为国家的现代化进程奠定了坚实的人才基础。陈嘉庚先生的这一壮举以及他的教育兴国理念，与新时代教育强国理念高度契合，为教育事业的发展提供了重要的实践参考和精神支撑。除教育兴国外，陈嘉庚先生在实业强国上也做出了诸多贡献，他的创业历程、经营哲学等，淋漓尽致地展现了闽商的精神特质，形成了内涵丰富、影响广泛的陈嘉庚闽商智慧。本书将其提炼为三个方面，分别是：（1）艰苦创业，创新冒险；（2）以家国民族为重，爱国团结；（3）回馈桑梓，兴学重教。

在新时代背景下，弘扬陈嘉庚闽商智慧具有重大的现实意义。一方面，"一带一路"倡议为闽商提供了更加广阔的舞台，陈嘉庚闽商智慧中的艰苦创业、创新冒险、合作共赢理念，将助推"一带一路"沿线国家的经济发展与文化交流。近年来，厦门大学以更加开放的姿态走向世界，创建了厦门大学马来西亚分校，这一举措不仅是对陈嘉庚先生教育理念的传承与发扬，更是"一带一路"倡议下高等教育国际合作与交流的重要成果。厦门大学马来西亚分校的成立，不仅为当地学生提供了优质的教育资源，也促进了中马两国教育的交流与合作，成为"一带一路"上的一颗璀璨明珠。另一方面，中国式现代化进程的加速推进，乡村振兴建设、社会公益事业的发展、企业家精神的发扬、教育强国建设等，都需要更多像陈嘉庚先生那样具有以家国民族为重的社会责任感、能够艰苦创业、有创新冒险精神的企业家，共同推动经济社会的全面发展。

本书共分为五个部分，深入探讨了闽商精神的起源、发展，浅析了嘉庚精神的形成与影响，从中提炼陈嘉庚闽商智慧的内涵，并深入分析其在新时代的传承与弘扬。第一章"闽商与闽商精神"追溯了闽商从唐宋元时期的起源，到明清时期的鼎盛与衰落，再到近代民族复兴道路上的崛起，展现了闽商精神在不同历史阶段的演变与特点。第二章"嘉庚精神的形成与影响"则聚焦于陈嘉庚先生，详细剖析了嘉庚精神的内涵及其对后世的深远影响。第三章"陈嘉庚的闽商智慧"从艰苦创业、创新冒险，以家国民族为重、爱国团结，以及回馈桑梓、兴学重教三个方面，深入探析陈嘉庚闽商智慧的特质。第四章"新时代弘扬陈嘉庚闽商智慧"则结合新时代的背景，探讨了如何在"一带一路"、乡村振兴、社会公益事业、发扬企业家精神、教育强国建设中，传承与弘扬陈嘉庚闽商智慧。第五章"闽商精神的传承：从陈嘉庚到新生代闽商"结合实业案例，以福耀玻璃、宁德时代、抖音公司三家闽商公司为代表，深入分析其企业文化、闽商精神的共鸣及为推进中国式现代化所做出的贡献。

  本书的研究成果不仅丰富了对中国企业家精神的认识，特别是深化了对以陈嘉庚为代表的闽商精神的演变轨迹和文化脉络的认识，也为推动中国经济社会的可持续发展提供了有价值的参考。希望通过深入挖掘陈嘉庚闽商智慧的内涵，为新时代的企业家提供精神指引和行动参考。相信在新时代的征程中，陈嘉庚闽商智慧，甚至闽商精神，将继续发扬光大，成为推动社会进步、促进国家发展的重要力量。同时，我们也期待更多的企业家能够像陈嘉庚先生学习，将个人的成功与国家的命运紧密相连，以实际行动践行企业家精神和社会责任，共同书写中华民族伟大复兴的新篇章。

郑文礼

2024年8月

目录

第一章　闽商与闽商精神

第一节　唐宋元：闽商的起源与发展 …… 004
一、唐—五代：闽商起源 …… 004
二、宋—元：海上丝绸之路的开拓 …… 007
三、萌芽期闽商精神特点 …… 011

第二节　明清：闽商的鼎盛与衰落 …… 013
一、明初：海禁关不住的闽商 …… 013
二、明末清初：闽商家族的繁荣 …… 015
三、晚清：多重冲击下的闽商衰落 …… 017
四、鼎盛期闽商精神特点 …… 018

第三节　近代：民族复兴道路上的闽商崛起 …… 020
一、以陈嘉庚为代表的爱国闽商涌现 …… 020
二、邱映光：实业兴国的闽商代表 …… 023
三、李清泉：赈资抗战的华侨领袖 …… 024
四、近代闽商精神特点 …… 030

第二章　嘉庚精神的形成与影响

第一节　嘉庚精神的内涵与核心阐释 …… 033
一、嘉庚精神之艰苦创业 …… 033
二、嘉庚精神之倾资兴学 …… 037
三、嘉庚精神之爱国情怀 …… 040
四、嘉庚精神的核心阐释 …… 048

第二节　嘉庚精神的深远影响与现实意义 …… 054

一、嘉庚精神的深远影响 ……………………………………… 054
二、嘉庚精神的现实意义 ……………………………………… 057

第三章　陈嘉庚的闽商智慧

第一节　陈嘉庚闽商智慧之艰苦创业、创新冒险 ………… 067
一、陈嘉庚白手起家的艰苦创业历程 ………………………… 067
二、陈嘉庚创业经商中的创新冒险事迹 ……………………… 083
第二节　陈嘉庚闽商智慧之以家国民族为重、爱国团结 … 088
一、陈嘉庚抗日救亡、参政议政的爱国事迹 ………………… 088
二、陈嘉庚创业经商中的实业强国理念 ……………………… 091
三、陈嘉庚创业经商中坚持家国团结 ………………………… 096
第三节　陈嘉庚闽商智慧之回馈桑梓、兴学重教 ………… 100
一、陈嘉庚倾资兴学、复兴两校的办学历程 ………………… 100
二、陈嘉庚自强不息办教育 …………………………………… 106
三、陈嘉庚兴学重教、回馈桑梓 ……………………………… 106

第四章　新时代弘扬陈嘉庚闽商智慧

第一节　陈嘉庚闽商智慧与"一带一路" ………………… 111
一、"一带一路"倡议 ………………………………………… 111
二、陈嘉庚闽商智慧助推"一带一路"高质量发展 ……… 112
三、在共建"一带一路"中传承与弘扬陈嘉庚闽商智慧 …… 117
四、传承与开拓的华章：厦门大学马来西亚分校的建立 …… 120
第二节　陈嘉庚闽商智慧与乡村振兴 ……………………… 121
一、乡村振兴战略 ……………………………………………… 121

二、陈嘉庚闽商智慧助推乡村振兴高质量发展 …………… 122

　　三、在乡村振兴建设中传承与弘扬陈嘉庚闽商智慧 …… 124

第三节　陈嘉庚闽商智慧与社会公益事业 …………………… 129

　　一、新时代下的社会公益理念 ………………………… 129

　　二、陈嘉庚闽商智慧凝聚社会公益事业力量 ………… 130

　　三、在社会公益事业建设中传承与弘扬陈嘉庚闽商智慧 …… 132

第四节　陈嘉庚闽商智慧与企业家精神 ……………………… 134

　　一、新时代下的企业家精神内涵 ……………………… 134

　　二、新时代加强创业创新 ……………………………… 136

　　三、新时代发扬陈嘉庚的闽商经营哲学 ……………… 137

第五节　陈嘉庚闽商智慧与教育强国 ………………………… 139

　　一、新时代下的教育强国理念 ………………………… 139

　　二、陈嘉庚闽商智慧培育时代新人 …………………… 140

　　三、在新时代教育强国中传承与弘扬陈嘉庚闽商智慧 …… 141

第五章　闽商精神的传承：从陈嘉庚到新生代闽商

第一节　福耀玻璃：发展自我，兼济天下 …………………… 147

　　一、福耀玻璃集团的企业文化 ………………………… 147

　　二、闽商精神与福耀的共鸣 …………………………… 149

　　三、福耀玻璃的典型实践行动 ………………………… 150

　　四、福耀玻璃的发展与中国式现代化 ………………… 154

第二节　宁德时代：修己达人，奋斗创新 …………………… 158

　　一、宁德时代企业文化 ………………………………… 158

　　二、闽商精神与宁德时代的共鸣 ……………………… 160

　　三、宁德时代的发展与中国式现代化 ………………… 162

第三节 抖音公司：激发创造，丰富生活 ………… 166
一、抖音公司企业文化 ………… 166
二、闽商精神与抖音公司的共鸣 ………… 168
三、抖音公司发展与中国式现代化 ………… 170

参考文献 174

后记 176

第一章

闽商与闽商精神

陈嘉庚先生是厦门大学校主，是中国近现代史上一位杰出的爱国华侨领袖、企业家、教育家、慈善家和社会活动家，在近代中国历史中发挥了重要作用。他的一生充满了对祖国深沉的爱，尤其是在新中国成立后，他为国家的社会主义建设做出了不可磨灭的贡献，嘉庚精神深深影响了一代又一代中国人。

清同治十三年（1874），陈嘉庚先生出生于福建省泉州府同安县集美社（今厦门市集美区），他的早年经历为他后来的事业打下了坚实的基础。年轻时，他前往南洋谋生，并在那里运用商业智慧，通过辛勤努力，逐渐建立起自己的商业帝国。他的业务涵盖了橡胶种植、橡胶工业、海运业等多个领域，成为当时闻名遐迩的"橡胶大王"。

陈嘉庚先生不仅在商业上取得了巨大成功，他还是一位热心公益的慈善家和教育家。他坚信教育是国家强盛和民族振兴的基石，因此他投入巨资创办了厦门大学和集美学村，为中国的教育事业做出了巨大贡献。在抗日战争期间，他积极筹款支持抗战，为国家的独立和自由奋斗不息。

新中国成立后，陈嘉庚先生的爱国行动并未停歇。他决心回国定居，在晚年继续为祖国的社会主义建设服务。他历任中国人民政治协商会议全国委员会副主席、全国人民代表大会常务委员会委员、中央人民政府华侨事务委员会委员、中华全国归国华侨联合会主席等职。在党的领导下，他贯彻党的方针政策，团结广大爱国华侨，为祖国建设事业做出了卓越贡献。

陈嘉庚先生的一生是中国近现代史上一个光辉的篇章。他的商业成就、教育贡献和爱国精神，都深深地烙印在中国人的心中。他为新中国发展做出的贡献，是每一个中国人都应当铭记的。陈嘉庚先生的故事，不仅是华侨的骄傲，也是整个中华民族的宝贵财富。2014年10月，在陈嘉庚140周年诞辰之际，习近平给陈嘉庚创建的厦门市集美校友总会回信，希望广大华侨华人弘扬嘉庚精神，深怀爱国之青，坚守报国之志，同祖国人民一道不懈奋斗，共圆民族复兴之梦。而作为近代闽商的代表人物，陈嘉庚先生的嘉庚精神与闽商精神之间有着深刻而紧密的联系。

第一节　唐宋元：闽商的起源与发展

闽商在唐代中后期萌芽，于宋代形成，在明朝末期达到顶峰，在晚清衰败后又在近现代重新崛起。闽商是典型的海商群体，他们的发展与海洋文化之间的联系是深远而紧密的，这种联系不仅体现在历史发展的脉络中，也深刻影响了闽商的商业实践和精神文化。

闽商的发源地福建省，特别是其沿海地区，自古以来就是中国对外开放的前沿。这里的地理环境独特，以山地为主，耕地有限，"八山一水一分田"的特殊环境，使得福建人民不得不与海洋建立起密切的联系，从而形成了独特的海洋文化。海洋文化的核心在于开放性、包容性和创新性，闽商正是在这样的文化背景下成长起来的。他们具有敢为天下先的开拓精神，爱拼才会赢的冒险意识，以及创新求变、放眼全球的商业品格。闽商精神是在长期的海洋经营实践中形成的，这种精神包括敢于冒险、勇于创新、坚韧不拔等。闽商在面对风险和挑战时，总是能够保持积极的态度，不断寻找新的商机和解决方案。同时，他们也非常注重回馈社会，无论是在教育、慈善还是文化传播方面，都有着丰富的实践和卓越的贡献。本书从闽商的历史发展讲起，一步步探寻陈嘉庚与闽商精神的历史渊源。

一、唐—五代：闽商起源

（一）闽商出现的直接原因——安史之乱

闽商起源于唐代中后期，与这一时期海洋文明的兴起息息相关。其直接原因就是安史之乱后陆上丝绸之路在一定程度上被切断，商业发展被迫向海上丝绸之路转移。

安史之乱爆发后，唐朝中央政府对地方的控制力大幅削弱，尤其是在西北地区，作为丝绸之路重要节点的河西走廊和安西地区几乎完全落入了吐蕃等外敌之手。这些地区的失控，直接导致丝绸之路的主要陆上通道被切断，严重阻碍了东西方的贸易往来。同时，安史之乱期间，唐朝的战略重心不得不从外部转向内部，集中力量平息叛乱。这种内向的战略态势使得唐朝无法有效地维护和管理远离中心的丝绸之路，加剧了丝绸之路的衰落。在此之后，唐朝的社会经济结构发生了变化。中央集权的削弱导致地方藩镇的崛起，这些藩镇为了自身利益，往往不愿意支持中央政府维持丝绸之路的开放。这种分裂的政治局面进一步导致了丝绸之路的衰落。总的来说，安史之乱对陆上丝绸之路的影响是多方面的，这场内乱不仅改变了唐朝的国内局势，也改变了东西方的贸易格局，促使海上丝绸之路兴起，同时也为后来世界贸易格局的变化与闽商的崛起埋下了伏笔。

（二）闽商出现的根本原因——地理、文化、技术与经济的综合作用

当然，除安史之乱后陆上丝绸之路衰落这一直接因素外，唐朝时期的地理、文化、技术和经济等因素，才是依托海洋商业文化的闽商在唐中后期得以快速发展的根本原因。

地理方面，隋朝结束了中国自西晋末年以来长达近300年的分裂局面。唐朝一统南北，贯通东西，共创设过800多个各级羁縻行政单位经略边疆，"大一统"盛况空前。辽阔的国家版图也为唐朝带来了绵长的海岸线和泉州、广州等资源丰富的港口城市，这为海洋商业的发展奠定了地理基础。在陆上丝绸之路发展受限后，港口与海岸线的商业价值便逐渐被发掘出来。

文化方面，唐朝作为中国历史上的一个强盛时期，不仅在政治、经济和军事上取得了显著成就，更在文化领域展现出前所未有的开放性和包容性。唐朝对外开放的文化氛围，是其繁荣的重要标志之一，也是其能够吸引四方宾客、汇聚天下英才的关键因素。唐朝的首都长安，是当时世界上最大的城市之一，也是一个国际化的大都市。长安及其他城市如洛阳，汇集了来自世界各地的商人、学者、艺术家和宗教使者。这些外来人士带来了各自的文化、宗教和艺术，与唐朝本土文化相互融合，形成了一个多元文化共存的社会环境。唐朝是中国诗歌的黄金时代，李白、杜甫、王维等伟大的诗人创作了大量传世之作。这些诗人的作品不仅反映了唐朝的社会生活，也融入了异域风情，展现了唐朝文化的开放性。唐朝的绘画、音乐和舞蹈等艺术形式也受到了外来文化的影响，如来自中亚的乐器和舞蹈在唐朝宫廷中非常流行。唐朝的教育制度也较为开放，设立了国家学校体系，吸引了大量国内外学生前来求学。这些学生不仅学习儒家经典，也学习外国语言和文化，反映了唐朝开放的教育理念。在这种开放包容的文化氛围中，唐朝的对外贸易十分繁荣，与中亚、印度、波斯等地区进行了广泛的经济和文化交流。这些交流不仅带来了经济利益，也促进了文化的交流和融合。

技术方面，造船技术的进步主要体现在以下几点：第一，造船基地的扩展。唐代的造船业遍布全国，尤其集中在沿海地区，从江南到长江口，再到北方的登州、莱州，以及南方的扬州、福州、泉州、广州等地，都成了重要的造船中心。第二，船体结构的创新。唐代的造船工艺在船体结构上有了重大创新，采用了更加坚固的木材，如柚木、榆木等来构建船体，并通过改变船体的几何形状增加了船体的稳定性和承载能力。第三，水密隔舱技术。唐代的船只开始采用水密隔舱技术，这是利用水密舱壁将船舶分割成多个小单间，提高了船只的安全性和抗沉性。第四，船型的多样化。为了满足不同的航海需求，唐代的造船工匠们开始研究不同大小和形状的船只，改变了船体的比例和尺寸，使船只可以更加适应不同的海洋环境和航行需求。第五，船舶尺寸的增大。唐代的船舶尺寸显著增大，有记载的"俞大娘航船"能载重一万石，相当于现代的大型货船。航海技术的进步主要体现在以下几点：第一，地文航海技术的发展。地文航海技术是通过对所途经陆标的观测和辨认来确定船只位置的技术。唐代的地文航海技术有了新的进展，如贾耽的《皇华四达记》中"广州通海夷道"[1]记录了远洋航海活动中某些区段的航向、航距与航朝。第二，天文航海技术的提高。唐代的天文航海技术也有显著提高，航海者开始利用星座、行星等位置进行判定以确认航线，利用北极星定向进行航海活动。第三，航海仪器的应用。指南针在唐代开始被广泛应用于航海，这是世界人类文明史上的重大突破，极大地提高了航海的精确度和安全性。第四，航路指南的出现。虽然唐代尚未拥有全面翔实的航路指南，但其中部分雏形已开始出现，为后世的航海提供了技术准备。第五，航海图的发展。航海图在唐代得到了发展，为航海提供了重要的导航资料。

经济方面，经济重心南移是唐朝中后期经济发展的主线之一。经济重心南移的原因是多方面的，其直接原因是安史之乱带来的政治动荡，大量北方居民为了躲避战乱纷纷南迁，促使人口和技术的南移。从地理资源禀赋上看，南方地区气候适宜、水系发达，更适合农业生产，特别是水稻种植技术的进步，进一步提高了农业产量和效率。随着经济重心的南移，南方的城市如扬州、益州等成了经济和文化的中心，促进了城市的繁荣和扩张；而福建泉州等沿海城市的水上交通和贸易得到了发展，粮食、茶叶、丝绸、瓷器等商品的贸易活跃，形成了庞大的贸易体系，福建地区成为对外贸易的重要窗口，特别是与东南亚和日本的海上贸易，促进了地区经济的繁荣。

总而言之，在地理、文化、技术和经济等多方面因素的影响下和安史之乱的背景

---

[1] 欧阳修，宋祁. 新唐书·地理志 [M]. 北京：中华书局，1975.

下，闽商这一群体依托海洋商业的兴起正式登上了历史舞台。

（三）从泉州港看唐—五代时期的闽商发展

唐代，继承隋代建立了大一统王朝，社会经济发展迅速，吸引了许多国家来华贸易，唐王朝对国际贸易也极为重视。唐永徽二年（651），大食王噉密莫末腻遣使向唐王朝朝贡，要求通商。当时的对外贸易港口在广州，泉州港尚未兴起。唐中期以后，随着泉州地区社会经济的发展，来泉贸易的外国商人日渐增多，泉州港的海外贸易历史从此掀开新的一页。生活在唐天宝至大历年间的包何在《送李使君赴泉州》[①]诗中写道："傍海皆荒服，分符重汉臣。云山百越路，市井十洲人。执玉来朝远，还珠入贡频。连年不见雪，到处即行春。"在泉州，异国商人云集，泉州与各国的官方和民间交往十分密切。泉州海外贸易的兴起，反映了社会的稳定和经济的繁荣，泉州的政治地位也由此得到提高。唐元和六年（811），泉州由中州提升为上州。

唐天宝十三载（754），泉州超功寺僧人昙静随师父鉴真航海到达日本，带去了香料、药物和佛具等物。昙静随鉴真在日本传道弘法，校勘佛教经典，建寺庙，行善事，为中外交流做出了卓著的贡献，也体现了闽人面向海洋勇敢拼搏的精神。

到了唐代后期，泉州已和扬州、广州、交州（今越南河内）一起，被阿拉伯地理学家伊本·柯达贝并称为唐代四大贸易港。

五代时期，扬州、广州和交州均遭到战乱的破坏，唯有闽南相对稳定。王审知治闽期间，重视发展海外贸易，王审知侄儿王延彬继其父王审邽为泉州刺史17年，"每发蛮舶无失坠者，人称招宝侍郎"[②]，闽南商人出海贸易日益常见。

在成书于五代末至北宋初的《清异录》[③]中，"闽商"一词首次出现。其中记载："荆楚贾者，与闽商争宿邸，荆贾曰：'尔一等人，横面蛙言，通身剑戟，天生玉网，腹内包虫。'闽商应之曰：'汝辈腹兵亦自不浅。'盖谓'荆'字从刀也。"这一记载反映了闽商与内陆商人之间的纠纷。

二、宋—元：海上丝绸之路的开拓

承继唐末五代时期的海洋商业发展，海上丝绸之路在宋元时期逐步发展至巅峰期，

---

① 包何.送李使君赴泉州[M]//彭定求.全唐诗.卷208.北京：中华书局，1960.
② 吴任臣.十国春秋[M].北京：中华书局，1983.
③ 陶谷.清异录[M].北京：中国商业出版社，2010.

而闽商作为我国海上丝绸之路的开拓主力军，也随海上丝绸之路一起走向繁荣。

（一）外需推动海上丝绸之路发展

商品方面，以瓷器为例，宋代经济高度发展，尤其是南方经济发达，为瓷器制造业的发展提供了强大的经济基础。市场经济的兴起促进了手工业和商业的发展，瓷器作为重要的商品之一，其生产自然得到了重视和推动。宋代瓷器制造技术取得了显著的进步，宋代文人士大夫阶层的审美取向推动了瓷器艺术的发展，市民阶层的需求也促使瓷器种类更加丰富多样。宋瓷也因此以其精美的工艺、优雅的造型和丰富的品种，深受海外国家的喜爱。随着海上丝绸之路的拓展，宋瓷被大量运往日本、高丽、东南亚等地，成为当地社会各阶层竞相购买的舶来品，对当地的生活方式和社会文化产生了深刻的影响。

此外，宋代的货币在海外国家具有极高的市场认可度。宋代中国的对外贸易非常发达，尤其是通过海上丝绸之路，与东南亚、中东甚至非洲和欧洲的国家都有广泛的贸易往来。在这些贸易活动中，宋代铜币作为基础货币被大量使用，从而在国际市场上得到了广泛认可。此外，宋代铜币的铸造工艺精美、用料严格统一，价值十分稳定。这些特点使得宋代铜币成为国际贸易中可靠的支付工具，被许多国家所接受和喜爱。

宋代以瓷器为首的一系列商品外需高涨，同时宋代货币的国际认可度较高，共同推动了沿线国家参与海上丝绸之路的积极性。

（二）宋代造船与航海技术的进步

宋朝能生产多种类型的船只，以适应不同水域和发挥不同用途。造船技术方面，宋代造船业的一个显著特征是新式海船的出现。新式海船的设计更适应远洋航行，具有良好的航行性能。宋代的船舶设计在结构上进行了多项创新，船舶的载重量大为增加，船体结构更加稳固，船只的安全性大大提高。远洋海船尤其能反映宋朝卓越的造船技术，无论是在设计上还是在技术上都有很大的改进，并以庞大、坚固著称于世。例如，"客舟"和"神舟"是当时较为先进的船型，其中"神舟"因其巨大的体积和载货量，被称为当时的"航空母舰"。

宋代的航海者已经掌握了东至日本、高丽，南到东南亚直至中东的季风规律，这些知识的积累为航海提供了重要的理论支持，使得航海活动更加科学和精确。两宋时期，有关海图的记述已十分明确，如徐兢的《宣和奉使高丽图经》[①]等，都说明了当时海

---

① 徐兢. 宣和奉使高丽图经 [M]. 北京：国家图书馆出版社，2009.

图的发展。海上交通航线的发展，为海道图的产生创造了条件。

（三）宋朝统治者对海上贸易的支持

宋代政府采取了一系列措施来鼓励商业的发展。

其一，经济法律体系的建立。宋朝建立了一套经济法律体系，为商业活动提供了法律保障。这些法律不仅规范了市场运行标准，还保障了普通百姓的私有财产利益，从而促进了商业的健康发展。

其二，市场管理的改革。宋朝对市场管理进行了改革，打破了坊市制度，使得商业区和居住区不再分隔明显，商人可以在城市人口密集区临街开设店铺，使得消费购物更加便利。此外，宋朝还缩短了宵禁时间，这样商店的经营时间得以延长，为商品经济的发展提供了更好的条件。

其三，对外贸易的支持。宋朝大力支持海外贸易，并通过市舶司管理对外贸易。这些措施不仅是对外贸易的保证，也促进了商业贸易的兴盛。

其四，货币制度的创新。宋朝出现了中国最早的纸币"交子"，促进了商业的发展。因为纸币方便携带，对于商业交易来说是一种革命性的改变，大大提高了交易的效率和便利性。

其五，商人地位的提升。宋代的商业奇迹，不仅仅是经济规模的扩大，更是对重商主义的全面维护和推动。商人阶层的社会地位得到了提升，他们在社会经济中的作用越来越重要。

其六，税收政策的调整。宋代政府对经过收税点的过往商贩收取"过税"，税率为2%；对店铺与城镇摊贩收取"住税"，税率为3%。这样的税收政策相对合理，没有过度压迫商人，保障了商人的利益。

在以上的一系列支持举措中，最重要的措施之一就是市舶司的建立和发展。

市舶司制度最早可以追溯至唐朝。显庆六年（661），唐高宗李治设市舶使于广州，总管海路邦交外贸，派专官充任。市舶使的职责主要是向前来贸易的船舶征收关税，代表官廷采购一定数量的舶来品，管理商人向皇帝进贡的物品，对市舶贸易进行监督和管理、抽分。这一机构就是市舶司的前身。宋朝对广州贸易事务也十分重视，于宋开宝四年（971）率先在广州设立市舶司。

宋代市舶司的职能主要包括：（1）船舶出入口管理：给外国船舶发放入港许可证，称为"公据"或"公凭"，记录船载货物、人员组成及其身份地位等项目。（2）出入口货物管理：派兵监守入港船舶，防止偷漏逃税，即"编栏"；上船验货，即"阅实"；对入口货物抽取入口税，即"抽解"；为朝廷收购舶来品，即"博买"。（3）海上禁防：监管禁运地区（辽、金），监管违禁品货物输出（如金、银、铜、铁、盐等）。

随着海外贸易的发展，宋朝政府陆续在杭州、明州（今属浙江省宁波市）、泉州、密州（今属山东省诸城市）等地设立市舶司。南宋时期，市舶司的数量增至8个，主要分布于东南沿海，包括江阴、杭州、明州、温州、泉州、广州等地。

（四）闽商是海上丝绸之路的开拓主力军

依托不断发展的泉州港，闽商成了海上丝绸之路重要的开拓者，尤其成了出海贸易的主力军。苏轼曾说福建"多以海商为业"，反映了当时经商在福建地区的重要地位。入宋以后，政府大力鼓励发展海外贸易，闽商出海贸易人数大增，贸易规模也随之扩大。南宋时，随着宋廷南迁，国家的经济中心也南移至东南沿海地区，泉州逐渐取代广州成为商船赴海外贸易的大港。据《梦粱录》①记载："若商贾止到台、温、泉、福买卖，未尝过七洲、昆仑等大洋。若有出洋，即从泉州港至岱屿门，便可放洋过海，泛往外国也。"见于记载的福建籍商人——周世昌、陈文佑、周文裔、潘怀清、李充等，就多次往返于日本和福建之间。

高丽是闽商海外贸易的重要国家。苏轼在《乞令高丽僧从泉州归国状》②中说："泉州多有海舶入高丽往来买卖。"据《高丽史》记载，自北宋真宗大中祥符五年（1012）到南宋光宗绍熙三年（1192），宋朝海商前往高丽进行贸易可统计的共计117次，写明姓名和籍贯的有35次，其中写明为福建籍的有22次。③闽商大多成批前往高丽，有些商人甚至世代相袭。高丽"王城有华人数百，多闽人因贾舶至者"④，也从侧面反映了当时赴高丽的闽商人数之众。其余东南亚各国也是闽商重要的业务范围。

海外贸易使得公私费用充足。政府的财政收入增加，就可以拿出一部分用于发展文化教育事业和其他建设事业；而一些从事海外贸易的商人从中积累起大量财富，有的也将这些财富用于发展家乡的文化教育事业。宋代闽南地区的文化教育事业蒸蒸日上，其资金的主要来源之一，显然是闽商海外贸易的公私收入。

---

① 吴自牧. 梦粱录 [M]. 杭州：浙江人民出版社，1981.
② 苏轼. 乞令高丽僧从泉州归国状 [M]// 张志烈，周德富，周裕锴. 苏轼全集校注. 石家庄：河北人民出版社，2010：3279.
③ 朴真奭. 中朝经济文化交流史研究 [M]. 沈阳：辽宁人民出版社，1984：51.
④ 王德颂. 历代名臣奏议（宋代部分）研究 [D]. 石家庄：河北大学，2010.

（五）元代——海上丝绸之路鼎盛期

元代，海上丝绸之路进入了巅峰时期，海上贸易空前繁荣。

从元朝初年（1271）起，中央政府开始实行"往来互市、各从所欲"的海外贸易政策。在这种政策鼓励之下，远距离贸易越来越频繁，各地区之间相互交换的不仅有商品，还有知识、信仰、观念，国家之间的联系因之趋于密切。元朝使者杨庭璧带领使团到达印度东南部的马八儿国时，宰相马因的与不阿里二人热情接待他们，原因是"本国船到泉州时官司亦尝慰劳，无以为报"。[1] 不阿里后来多次派遣使者和商船与元朝来往，最终离开马八儿国，由海路前往元朝，并在中国任官，官至中书省右丞，忽必烈将一位高丽女子蔡氏赐予他为妻。不阿里的经历，是元代海上交通繁盛的侧影之一。这种通过远距离贸易往来而建立起来的各地区之间的联系，超越了传统意义上的国家边界概念。

随着元代海上丝绸之路的繁荣发展，中国、东南亚地区、印度次大陆、西亚、东非乃至地中海地区被连接起来。各个海域不再是单独的地理和政治经济单元，而是相互密切影响的交通网络。不仅如此，各地区之间通过海路相互交流的密度、强度和速度，将以往相互隔绝的不同区域紧密结合起来，东西方之间形成了一个海上交流网络。这个网络既是一个复杂的整体，也包含多个部分及其之间的关系。海上交流网络的形成，源于各部分不断累积的相互影响，因此显得既有序又无序，统一与离散共存。这个海上交流网络虽然还远远达不到今天的程度，但其前所未有的开放性亦令人震撼。

三、萌芽期闽商精神特点

在唐—宋—元时期，闽商精神的特点可以总结为以下几点：

（一）开拓精神

闽商在唐代中后期随海上丝绸之路的繁荣而开始兴起，逐渐挣脱了中国传统农耕文化的束缚，奋勇开辟了新的海上贸易路线，成为中国走向高丽、阇婆和占城等海外地区的先锋军，甚至开始旅居海外，受到世界各国人民的敬佩，展现了敢为天下先的开拓精神。

（二）冒险精神

闽商不畏艰险，敢于冒险，他们在面对未知的海洋及其风险时，依然保持积极的

---

[1] 宋濂. 元史 [M]. 北京：中华书局，1975：4669-4670.

态度，不断寻找新的商机和解决方案，具备这种"爱拼才会赢"的冒险意识是他们成功的关键。

（三）回馈家乡精神

闽商在自己出海走向富裕的同时，非常注重回馈家乡与社会，将自身的财富用于发展家乡的文化教育事业，推动宋代闽南地区的文化教育事业蒸蒸日上，这种回馈家乡精神是闽商精神历久弥新的根本原因之一，也是当代闽商爱国精神的前身。

第二节 明清：闽商的鼎盛与衰落

一、明初：海禁关不住的闽商

元朝时期是海禁政策的起步阶段，这个时期的海禁时兴时废，持续时间较短，海外贸易一般在调整之后会迅速得到恢复，因此短暂的海禁没有对元朝的对外贸易造成严重的影响。时至明初，开始实施严格的海禁政策，宋元时期欣欣向荣的海上丝绸之路贸易受到了沉重的打击。然而，朝廷的严令禁止无法抑制闽商对海上贸易的热情，他们展现出了海禁关不住的开拓冒险的闽商精神。

（一）明初海禁政策

明洪武七年（1374），明政府下令撤销负责海外贸易的福建泉州、浙江明州、广东广州三市舶司，中国对外贸易遂告断绝。明洪武十四年（1381），朱元璋"以倭寇仍不稍敛足迹，又下令禁濒海民私通海外诸国"。自此，连与明朝素好的东南亚各国也不能来华进行贸易和文化交流了。明洪武二十三年（1390），朱元璋再次发布"禁外藩交通令"。明洪武二十七年（1394），为彻底取缔海外贸易，又一律禁止民间使用及买卖舶来的番香、番货等。明洪武三十年（1397），再次发布命令，禁止中国人下海通番。

为了防止沿海人民入海通商，明朝法律还规定了严酷的处罚办法，如处斩、全家发边卫充军等，对参与买卖外国商品的居民也不放过，"敢有私下诸番互市者，必置之重法，凡番香、番货皆不许贩鬻，其现有者限以三月销尽"[1]。

大体上来看，明初实施海禁政策的原因可以归纳为以下几点：

第一，明初倭寇之患日益严重。

解决当时的倭患问题是明初开始实施海禁政策的主要原因之一。当时日本进入了南北朝分裂时期，日本国内长期政治动荡，许多失意的武士、商人和浪人（即无主的武士）开始组织起来，在中国沿海地区进行掠夺和

---

[1] 怀效锋. 大明律[M]. 北京：法律出版社，1999.

走私活动。他们抢劫财物，掠夺人口，严重损害了当地人民的生产和生活秩序。

倭寇的活动范围广泛，从浙江到山东沿海一带均有出现，甚至影响到了朝鲜半岛。他们的侵扰给当地带来了极大的破坏和恐慌，严重影响了明朝的政治稳定和经济发展。倭寇之所以能够在明朝沿海地区造成巨大的破坏，一方面是因为他们拥有常年战斗的经验，具有良好的军事素质和纯熟的刀法，个体战斗力强；另一方面也是由于此前的中国并未经历过严重的海患，明朝时期沿海防御体系仍然非常薄弱，缺乏对倭寇之患有效的防范和应对措施。

第二，海禁是重农抑商政策的组成部分。

明初，国家正处于百废待兴、百业待举之际，朱元璋曾提出"农桑，衣食之本"的说法，主张重农抑商政策，并推行了许多惠农政策，如轻徭薄赋等。统治者渴望通过重农抑商的政策兴旺农业、稳固国本，对经商者进行了严格的约束。例如，商民出行，须申领路引（通行证）方可。路引详细注明商民姓名、乡贯、去向、外出原因、日期与体貌特征等，以备查验。不仅如此，政府还限制路引的发放数额，导致官员借机收费乃至强索，加大了商民申领路引的难度和成本。

海禁政策无疑也是重农抑商政策的重要组成部分，海禁政策限制了沿海地区的商业发展，沿海居民只能更多地依赖于农业生产，这与重农抑商政策的目标是一致的。同时，海禁政策通过限制私人海外贸易，加强了国家对海外贸易的控制，这也是重农抑商政策中抑制民间商业活动的一部分。

（二）闽商走私贸易的盛行

福建地区多山少田、人多地少，当地居民从事农业生产获利不多。因此，朝廷的严令禁止也无法抑制闽商对海上贸易的热情，他们展现出了海禁关不住的开拓、创新与冒险的闽商精神。

海禁之下，闽商从纯粹的商人逐步转变为走私闽商，其中以漳州、泉州二府商人最为活跃。

严启盛是明代著名的漳州闽商，也是明朝海禁政策下走私贸易的代表人物之一。漳州是明代福建的重要港口，也是与东南亚各地进行贸易的枢纽。严启盛利用漳州的地理优势，组织船队，秘密地与东南亚各地进行贸易活动。他的船队不仅运送中国的丝绸、瓷器等商品，还从东南亚带回胡椒、香料等珍贵货物。

严启盛还是明代较早在澳门区域进行海上私人贸易的海商之一，正是他奠定了香山海域贸易的基础，才有了东南亚各国船只在香山水域进行贸易的事实，有了这一前提，才为葡萄牙人混入东南亚船队进入香山水域进行贸易创造了机会，最终才有了后来澳门中葡贸易的发展。

二、明末清初：闽商家族的繁荣

提及明末闽商，就不得不提明朝中后期出现的闽商家族——郑氏家族。这一家族将古代闽商的经济地位与历史地位推向了巅峰。

（一）郑氏商帮开拓者——郑芝龙

郑氏家族最知名的人物当属郑成功，但其父郑芝龙才是郑氏闽商商帮的主要开拓者。从历史上看，郑芝龙还是台湾的开拓者。

郑芝龙开拓台湾岛的历史，可以追溯到他接受明廷招抚后这一时间，当时他任海防游击，号称"五虎游击将军"。他在台湾西南海岸的魍港建立基础，为大陆人移台的主要据点。明朝继元朝之后在澎湖设立巡检司，起到对往来船只课税和捕盗等作用。荷兰人曾攻打澎湖，但受海禁政策影响，荷兰转而在当时大明未建立行政区的台湾建立据点。后来郑芝龙之子郑成功于攻台之役中驱逐荷兰人收复台湾，并引进大量大陆人对台湾进行开发。

郑芝龙的开拓活动不仅限于军事上的征服和防御，他还提出了具有前瞻性的移民政策。据史料记载，天启六至七年（1626—1627），闽粤一带久旱不雨，耕地龟裂，禾苗尽枯，灾民流离失所，饿殍四处可见，而台湾沃野千里，人丁稀少。于是，郑芝龙在泉漳一带"招饥民数万人"到台垦殖。郑芝龙向福建巡抚熊文灿建议，招募饥民到台湾去垦荒，每人给银三两，三人给牛一头，用海船载他们到台湾进行垦殖。从此以后，大陆人民移居台湾开垦荒地的就更多了。

同时，郑芝龙把台湾融入海上贸易轨道，纳入海上贸易网络。台湾地理位置优越，自然资源丰富，郑芝龙抵达台湾后，把台湾作为基地，开始打造海商军事集团。1628年郑芝龙接受明朝招抚离开台湾，这时候台湾已经成了海上贸易的重要中转站。回到大陆后，郑芝龙开辟了厦门、安海、福州等地到台湾的几条航线，进一步巩固了台湾作为海上贸易网络基地的地位。

郑芝龙开拓台湾的行动，为后来台湾历史的发展奠定了重要的基础。他的政策和行动，不仅促进了台湾与大陆之间的人口、文化和经济交流，也为后来的台湾抗荷、收复台湾的历史事件提供了物质和人力的支持。

（二）爱国闽商、民族英雄——郑成功

郑氏家族最知名的人物无疑就是郑成功，在其父降清之后，反清大旗就由郑成功执掌，他也成为我国历史上知名的民族英雄。但与此同时，郑成功作为闽商的一面时常被大家所忽视。

郑成功继承了父亲的事业，进一步扩大了家族的商业和军事影响力。在对抗清朝的过程中，郑成功利用其海上力量保护商船，同时也通过贸易获得了丰厚的收益，为抗清事业提供了重要的物资和财政支持。郑成功的商业活动涉及多个领域，包括对日本、东南亚以及其他远东地区的贸易。他的商船队运送丝绸、瓷器、茶叶等中国商品，与日本、东南亚的商人进行交易，获取稀有的香料、金银等宝贵资源。郑成功的商业网络不仅限于亚洲，他的船队甚至远航到非洲和中东地区，与当地的商人进行贸易。在郑成功的领导下，郑氏家族成了远东地区最强大的商业和军事集团之一。他们的商船队规模庞大、装备精良，不仅能够迅速运送货物，还能有效地抵御海盗和其他敌对势力的攻击。郑成功的商业帝国建立在强大的海上力量基础之上，这使得他能够在复杂多变的国际贸易环境中保持领先地位。

从收复台湾这一事件也可以看出郑成功作为商人的成熟。清顺治十八年（1661）4月，郑成功亲率25000名将士、战船数百艘，自父亲曾创下辉煌战绩的金门料罗湾出发，途经澎湖，决意收复荷兰东印度公司占据的台湾岛。这场史诗般战役的曲折过程及伟大意义，每一个中国人都耳熟能详。郑成功"复台"之役，前后耗时约10个月，中途强攻不下，改为采用长期围困战略，实在是一场巨大的消耗战。如果不是有郑芝龙早年苦心经营留下的巨额财富，以及郑成功接手后继续从海上贸易中获利作为经济基础，缺少可靠后援的数万攻台将士，将近一年的粮饷如何解决，高昂的士气能否维持，都是难以想象的事。清顺治十九年（1662）2月，绝望的荷兰人终于与郑军签订城下之盟，史称《郑荷和约》。

耐人寻味的是，作为收复故土的胜利者，郑成功对入侵者采取了异常宽大的态度。从大局上看，郑氏父子历来以海为家，确保海上商业利益，自有其战略上的考虑。当时的荷兰仍然是全球海上霸主，作为海商的郑成功继承父业后，曾通过荷兰东印度公司与欧洲、波斯等地进行贸易往来，把荷兰人赶出台湾，但不能与他们彻底断绝商业

联系，否则便是自断财路，得不偿失。①

郑成功的商业活动也反映了当时全球贸易的发展趋势。17世纪是全球贸易网络快速发展的时期，欧洲、亚洲和非洲的商人都在积极寻求新的贸易机会和市场。郑成功的商业活动不仅为他带来了巨大的财富，也促进了远东地区与世界其他地区的经济交流和文化互动。

三、晚清：多重冲击下的闽商衰落

时至晚清，辉煌数百年的闽商在内忧外患的多重打击下陷入了衰落。

（一）广东商帮的崛起

广东商帮的崛起与清朝的对外贸易政策密切相关。在清朝中期，广州成为中国唯一开放给外国商人的港口，这就是著名的"广州体系"。这一体系规定所有外国商船都必须通过广东的商帮进行贸易，这些商帮被称为"公行"。公行商人需要为每一艘进入港口的外国船只提供担保，并对所有与船只相关的人员负责。这一制度使得广东商帮在对外贸易中占据了垄断地位，从而积累了巨额财富。垄断英国对华贸易的英国东印度公司在17世纪初将广州作为中国的主要港口，其他西方贸易公司也很快效仿。粤商自近代以来就在推动中国和世界工商业发展中扮演重要角色。

伴随着广东商帮的迅速崛起，福建商人在国内贸易和通商口岸贸易中占据的优势也不复存在。在福建本土，福建海商的地位也逐渐下降。

（二）帝国主义列强的冲击

在清末自鸦片战争开始的多次战争的影响下，中国被迫开放多个通商口岸并与外国签订不平等条约，这不仅改变了中国的贸易格局，也使得闽商在国际贸易中的地位受到挑战。外国商人利用不平等条约中的优惠条件，在中国的贸易港口与本地商人形成竞争，这对依赖传统贸易路线的闽商造成了直接的经济冲击。贸易逆差导致大量银圆流出中国，这对以银圆为主要交易货币的闽商产生了影响。银圆的外流导致货币贬值，增加了闽商的经营成本，极大地影响了他们的利润空间。与此同时，鸦片战争后，清朝政府的权威受到削弱，这使得闽商在政治上失去了传统的保护。同时，外国势力的介入也使得闽商在政治决策中的影响力减弱，这对他们的商业活动构成了间接的负面影响。清末，在帝国主义的冲击下，中国秩序极大动荡，尤其闽商所在的沿海区域

---

① 谭洪安. 商帮变形记：闽商 [M]. 北京：中信出版社，2014.

经历多次战争，整体商业环境急剧恶化，使得闽商难以开展正常的商业活动。

操纵市场、垄断贸易是近代西方各国进行海外经济掠夺时惯用的伎俩。当时英国想要垄断福建茶叶贸易，经常采用操纵和欺骗，以及扶持印度、锡兰茶叶的方式打击闽茶，致使闽茶无利可图；此外，还采用高利短期贷款等手段压迫打击闽商。

（三）全球经济重心的偏移

清朝中后期，世界经济重心逐渐从中国向西方转移。整体来看，清朝中后期世界经济重心向欧美转移是由于欧美国家进行了工业革命和殖民扩张，同时也受到清朝内部问题和西方金融技术优势的影响。

工业革命的发生是推动经济重心转移的最重要因素。18世纪末至19世纪初，英国的工业革命标志着现代工业的诞生，随后这一现象在欧洲其他国家和美国也相继发生。工业革命极大地提高了生产效率，促进了科技进步和经济增长，使得欧美国家的经济实力迅速增强。同时，资本主义的发展推动了西方贸易发展和殖民扩张。随着海上航行技术的进步和对外贸易的加强，欧洲国家开始寻求新的市场和资源。通过殖民扩张，欧洲列强控制了大量的海外领土，获取了丰富的原材料和市场，进一步巩固了其经济地位。而在同一时期的中国，清朝内部经历了人口激增、社会动荡和自然灾害等问题，叠加长期的闭关锁国政策影响，经济基础被大大削弱，导致农业和手工业生产力下降，经济发展滞后。时至鸦片战争之后，战败的清朝被迫与西方列强签订了一系列不平等条约，其中大多都要求清政府割让领土、开放通商口岸、支付巨额赔款，严重损害了清朝的经济主权和利益，加剧了经济的衰退。另外，随着金融体系的发展和技术的进步，西方国家在全球经济中占据了更加重要的地位。银行、证券市场和公司制度的发展为西方国家的经济扩张提供了资金和管理上的支持。

四、鼎盛期闽商精神特点

整体来看，明清时期的闽商精神可以总结为以下几点：

（一）海禁无阻的开拓精神

明初严格的海禁政策无法阻挡闽商对海上贸易的热情，他们展现出不畏海禁的开拓冒险精神，如漳州、泉州的商人秘密与东南亚各地进行贸易活动，成为中国对外贸易的佼佼者。

（二）抗争海禁的勇气

闽商在海禁政策下频频爆发反抗事件，所谓"海禁愈严，贼伙愈盛"，他们不仅在经济上抗争海禁，还在政治上展现出对抗朝廷不合理政策的勇气。

（三）贸易开拓的先锋意识

郑芝龙和郑成功父子是闽商的典型代表，他们在海上贸易和军事上都取得了巨大的成功。郑芝龙是台湾的开拓者，而郑成功则是民族英雄，他们的行为不仅推动了闽商经济地位的提升，也为捍卫中国海权做出了贡献。

（四）抵抗外来侵略的爱国精神

闽商在倭寇频繁侵扰沿海地区时，积极参与抵抗，保护了国家利益和沿海安全，表现出了勇于抵抗外来侵略的爱国精神。

第三节 近代：民族复兴道路上的闽商崛起

一、以陈嘉庚为代表的爱国闽商涌现

坚韧不拔的闽商并没有在清末的衰落中一蹶不振，相反，时至近代，以陈嘉庚为代表的爱国闽商绽放出前所未有的光芒，成为新中国崛起过程中不可或缺的一股力量，为后人留下了宝贵的精神财富。

帝国主义列强对商业的冲击导致了闽商的衰落，也使得整个中国的产业发展都受到了巨大的影响。为了解决这一问题，中华民族做出了一系列努力以振兴本土产业，洋务运动就是这一系列努力的开始。

伴随着洋务运动，闽商也在衰落中复苏，走上再度崛起之路。这一时期的闽商在中国的工商业发展中扮演了关键角色，特别是在航运、造船和其他工业领域。福州船政局是洋务运动期间最著名的闽商企业之一，由闽浙总督左宗棠于1866年创办，是中国近代最重要的军舰生产基地。在继任船政大臣沈葆桢的经营下，福州船政局成了当时远东最大的造船厂，其技术水平和生产能力都有了显著提升。除了福州船政局，闽商还参与了其他多个重要的工商企业。例如，中国近代史上第一家轮船运输企业、中国第一家近代民用企业——轮船招商局，是由李鸿章发起的"官督商办企业"，由商人出资，合股的资本为商人所有，企业按照自己的规范章程制度管理。

福建作为洋务运动中重要的福建水师和福州船政局的兴办地，其在近代中国的地位由此得到了提高，并催生了大批闽籍商人、企业家和慈善家。洋务运动的失败也没有打击闽商们的信心，此后，一大批救亡图存的爱国闽商登上了历史舞台，在中国近代史上留下了浓墨重彩的一笔。

近代闽商大多出身贫苦，但依然守正蓄力，多方自谋出路。他们一般初期依靠熟人关系在码头出卖体力赚钱，后来在粮行、油行做伙计，逐渐升任掌柜经理人。他们多秉持让利诚信的商业理念，从而赢得了更多同行的信任，积累财富后创设自己的商号，若干年内又把商号开到沿海、沿江、内陆等地。

陈嘉庚是近代爱国闽商的主要代表，他的一生是中国近现代史上一个光辉的篇章。他的商业成就、教育贡献和爱国精神，都深深地烙印在中国人民的心中。他为新中国的发展做出的贡献，是每一个中国人都应当铭记的历史。陈嘉庚的故事，不仅是华侨的骄傲，也是整个中华民族的宝贵财富。2014年10月，在陈嘉庚140周年诞辰之际，习近平给陈嘉庚创建的厦门市集美校友总会回信，希望广大华侨华人弘扬嘉庚精神，深怀爱国之情，坚守报国之志，同祖国人民一道不懈奋斗，共圆民族复兴之梦。而作为近代闽商的代表人物，陈嘉庚的嘉庚精神与闽商精神之间有着深刻而紧密的联系。

陈嘉庚无疑是全国人民最熟知的闽商，但在他之外，还有更多的优秀闽商在近代中国史中奋勇拼搏，为中国近代产业振兴做出了自己的贡献。

（一）林绍良

林绍良出生于福建省福清市，曾为华人首富，于印尼发家。1938年，林绍良远涉重洋到印尼，从当学徒、做小买卖开始，到20世纪50年代初，与兄弟共同创办了印尼三林经济开发有限公司。他用辛勤的汗水和超凡的智慧，赢得了"面粉大王""水泥大王""地产大王""金融大王"等美誉。

在成功之后，林绍良不忘建设家乡。1991年，在与时任福州市委书记的习近平交流后，林绍良与政府签订开发50平方公里元洪投资区的协议。这是当时全国最大的外商成片开发区，在全国曾引起极大轰动，登上了《人民日报》头版头条。

（二）胡文虎

胡文虎原籍福建龙岩，出生于缅甸，其父是侨居缅甸的中医。在东南亚，胡文虎发现当地人被蚊虫叮咬的问题非常严重。于是他开始研究中药材，试图找到一种解决方案。经过五年的不懈努力，胡文虎最终研究出了一种安全、实惠且有效的药方，万金油由此诞生。万金油一经推出就受到了东南亚人民的喜爱，因为价格便宜、功效良好，成为人们预防蚊虫叮咬的首选产品。虎标万金油的名号至今仍然响亮，胡文虎因此被称"万金油大王"并积累了巨大的财富，生意越做越大。

1931年"九一八"事变后，海外华侨爱国热情空前高涨，出钱出力，从各方面声援祖国，胡文虎首捐2.5万元支援东北抗日义勇军。1932年"一·二八"事变后淞沪抗战爆发，十九路军浴血奋战，海外华侨深受鼓舞。胡文虎闻讯后，立即从银行电汇国币1万元给中国红十字会，作为前线救伤之用。2月下旬，又电汇1万元直接给十九路军的蔡廷锴，并捐赠大批"虎标"良药和其他药品。1937年"七七"事变后，胡文虎除捐助大批药品、物资外，还出钱组织华侨救护队回国参加抢救伤兵工作。他及时将储存在香港永安堂的一批价值 8000 多元的纱布运到上海，支援宋庆龄、何香凝组织的抗日救护队；又先后捐赠救护车多辆给中国红十字会总会和福建省政府。他先后义捐（包括认购"抗日救国公债"）总数超过 300 万元。

（三）林同春

林同春是福建福清人，9 岁离开故乡到日本，多年经营百货公司、房地产等实业，颇有建树。他为人正直诚恳，睿智谦和，一生爱国爱乡，热心华侨华人事业，是一位德高望重、有口皆碑的华侨领袖。

饱尝艰辛之时，林同春思念祖国，功成名就以后亦不忘回报祖国。他曾捐资 2 亿多日元，重建可容纳 1200 名学生的东瀚小学，新建可招收 1500 名学生的东瀚中学，资助厦门集美学校；1985 年，他给天津市残疾人协会捐赠了一个集装箱的新衣服；1994 年，他为福建华侨农场捐款，帮助回国的印支难民。在 1988 年的黑龙江森林大火、1991 年的安徽江苏水灾、1992 年的华东地区水灾、1993 年的江南地区水灾和 1998 年的河北省张家口地区大地震等自然灾害之后，他每次都大量捐款用以救灾，有时还亲赴现场视察，帮助研究救灾对策。他说："有能力的人尽力帮助有困难的人，这就是人类的爱心，把爱给予人类是我们共同的心愿。"

（四）李光前

李光前出生于福建泉州南安，10 岁时随父到新加坡谋生。李光前是儒商的楷模、东南亚橡胶大王、教育家、慈善家。李光前深受其岳父陈嘉庚的影响，热心社会公益事业，对新马地区和故国桑梓的社会公益事业做出了不可磨灭的贡献。

《南洋商报》最早是 1923 年 9 月 6 日由陈嘉庚创办的，为新加坡第一份商业性华文报纸。1929 年世界性经济危机爆发，陈嘉庚的生意陷入困境，1932 年《南洋商报》被分离出来，改组为有限公司，李光前和其弟李玉荣等担任公司董事。此后，李光前陆续增加投资，将其影响力不断扩大。为了及时报道来自祖国的抗战前线的消息，李光前指示《南洋商报》派出战地记者。"七七"事变后，为更快动员华侨支援祖国抗日，《南洋商报》立即在国内各地聘请特约记者，以求最快、最翔实地报道整个抗战前线的情况。

（五）刘梧桐

刘梧桐出生于福建泉州安溪，18 岁跟随乡亲前往缅甸谋生。刘梧桐是仰光专营粮食的最大厂家,被称为"米王"。事业壮大后,刘梧桐不仅支持家乡的教育等事业的发展,同时对于缅甸华侨事务也极为热心,重金支持创立安溪会馆、侨报等事业,后任安溪会馆理事长。

1941年12月,太平洋战争爆发,马来亚(马来西亚联邦西部土地)多地沦陷,刘梧桐清醒地意识到缅甸沦陷为时不远。他不愿将辛苦半生打拼下的财产留给日本侵略者,决定将物资运回祖国支援抗战。为此,他自己带领30辆卡车装运物资,历经艰辛沿滇缅公路运输回国,此后以剩余资产开办了侨生运输行和汽车修配厂,将实业所得用于支援抗战和维持家乡的案山学校。

下面具体介绍邱映光和李清泉两位近代闽商,他们一位是实业兴国的闽商代表,另一位是赈资抗战的华侨领袖,都是对近代闽商精神的具体诠释。

二、邱映光:实业兴国的闽商代表

进入民国时期,资产阶级登上历史舞台,民国政府采取鼓励及保护资本主义发展的政治措施。闽商在实业救国思潮的推动下,开始关注国内的经济发展,兴办学校和医院等慈善事业,促进了社会的进步,对民族资本主义经济的发展起到了推动作用。而邱映光就是近代闽商实业兴国的重要代表。

邱映光于1891年11月21日出生于福建永安的一个农家。他的早年生活并不富裕,但这也为他后来的创业之路埋下了种子。他凭借着坚韧不拔的精神和对商业的敏锐洞察力,开始了经营木材的创业之路。创业过程是十分艰辛的,1921年9月,邱映光在押运木材途中遭遇劫难,被军阀手下的40多人包围,并被绑架至尤溪。在这次事件中,他被勒索3600银圆才得以安全归来。此后,邱映光还两度遭遇土匪的袭击。这些经历虽然艰险,但也锻炼了他的商业智慧和勇气。

1933年秋,邱映光举家迁居南平,在延平中山路开设了邱森泰商行,专门经营木材采伐和运销业务。同时增设森记庄、永绥运转公司,拓展代理报关、汽车运输等有关业务。他还常采购木材、笋干、香菇等土特产,由永安经南平直运福州,或转往上海、天津等地销售,获取利润。他本着"诚信待人、谨慎处事"的商业信条,逐渐在闽西北木材行业中崭露头角,成为行业的翘楚。

1937年全面抗日战争爆发前夕,邱映光担任了南平县木商公会理事长。战事乍起,国民政府军事委员会命令扣留南平东、西两溪(建溪、沙溪)木商运抵的木排(福杉),

不准运往福州销售,以储备军用。这对于当时从事木业的商人来说无疑是一个噩耗,因为当时木材相关行业从业者有 50 多万人,扣留他们的木材相当于断了他们的经济来源。因事出突然,所扣木材之货主、帮头及厂家不知所措,纷纷涌至木商公会,请求邱理事长向查扣单位交涉放行。刚刚上任两个月的邱映光,面对情绪激昂的人群,临危不乱,从容应对,最终与查扣单位达成协议,木商公会可以随时负责征用的军事木材,但此次被扣木排先发还,此后亦可自由运销福州。此后,邱映光担当起了为抗战筹备木材的任务,抗战期间向南平木商公会提供木材的数量多达 27 万余筒,为地方经济和抗日做出了巨大贡献,受到社会各界人士的好评。

邱映光在南平经商有道,资本日增,事业日益发达。他在用心经营自己的商行、公司的同时,不仅牢记为同业谋求福利,还与党政军民机关团体联系合作,为抗战救国出力。作为南平木商公会会长,每年逢春节、端午节、中秋节,他都筹款购置慰问品,分别赴军营、医院慰劳抗战军士、伤病员及受训新兵。他还关心沿海沦陷地区逃离至南平的难民,为他们提供食物、药品和丧葬服务。此外,他还积极推动商品限价政策,稳定战时市场价格,为社会稳定和民生福祉做出了贡献。

福建木材贸易在 1930 年后日渐萧条,面对难以为继的木材市场,抗战胜利后,邱映光由南平迁居福州,设立邱森泰商号分行,并邀请全省各县市木商公会负责人组织福建省木商业工会联合会。

1948 年冬解放战争时期,在国民党军队节节败退之际,邱映光仍赴台湾推销木材,随之被阻滞台湾。他虽身处台湾仍不忘记桑梓,热心同乡会事宜,先后被推选为台北市福建同乡会理事、监事。1954 年当选为第一届台湾"国民大会"代表。与大陆睽违数十年,只能隔海遥望,直至改革开放政策实施,邱映光才多次率子孙往返福州、南平、永安与台北之间,参加访问和商务考察。1985 年前后,邱映光借道香港回福州探亲,之后每年都要带着家人回福州。

20 世纪 90 年代末,邱映光恳乡心切,虽然年事已高,仍毅然决然地回到福州原住处定居,颐养天年。其间还为福州、南平、永安捐款 100 余万元资助公益事业。2010 年邱映光在福州逝世,他深挚的赤子情怀,永远铭刻在故乡人民心里。

三、李清泉:赈资抗战的华侨领袖

李清泉,是 20 世纪初直到太平洋战争爆发前夕活跃在菲律宾政治、经济舞台的杰出人物，被誉为"菲律宾经济发展史上占有永久地位的人"。他也是菲律宾华侨史上最有建树、声誉卓著的爱国华侨领袖，其爱国爱乡、抗日救亡的事迹至今在海内外广为流传。

（一）菲律宾的"木材大王"

李清泉，原名李全回，1888年出生于有着"十户人家九户侨"之称的侨乡福建晋江，祖上几辈人都"过番"到菲律宾谋生，他的父亲还创办了自己的木材公司。在他12岁那年，家人把他送到美国领事与中国人合办的厦门同文书院，培养了他对英语的浓厚兴趣。后来他随父亲赴马尼拉工作，仍边工边读。其父见他如此勤奋，便送他到香港圣约瑟西文书院。在香港四年，李清泉所学到的不只是英文，还有香港怎样进行现代化的城市建设，其中对他影响最深的是金融在经济建设中如何起作用。

1906年，完成学业的李清泉回到菲律宾。1907年，19岁的李清泉正式接管了父亲的木材公司。李清泉凭借敏锐的商业嗅觉，抓住菲律宾大力推行自由贸易政策的契机，大刀阔斧地扩展公司业务，包括购买林地、投入大量资金购买机器、组建多个木材公司、成立远洋运输公司、打造完整的产业链等。他的生意蒸蒸日上，巅峰时期掌控了菲律宾80%的木材出口。他的木材事业之所以快速发展，原因在于：一是他1919年被选举为马尼拉中华商会会长，后又连任数届，在扩展业务方面很有人脉；二是他1920年斥巨资收购当时生产能力居菲律宾第二位的美资内格罗菲律宾木材公司，由此得以大力拓展海内外市场。

到了20世纪20年代晚期，李清泉的木材生意达到全盛期。他拥有：两个持有伐木和锯木长期特许权的大林场；一家以马尼拉为基地的母公司，每年制作、配送和销售的木材、木制品达数百万板英尺；一家船运公司，主要为他自己公司的岛间运输和出口服务；一支运输船队、接驳船艇以及码头设施，将木材运到美国、澳大利亚、中国、日本、欧洲和南非。可以说，植林、采伐、贮木、锯木、制材、加工、销售、运输和出口等一系列经营环节，都被他掌控在手里，他使木材成为菲律宾的主要出口产品部门，约控制了菲律宾木材交易额的80%，因此被誉为菲律宾的"木材大王"。

（二）兴办菲律宾中兴银行

中兴银行创立于1920年8月，由菲律宾华侨黄奕住、李清泉等发起组织，总行设在菲律宾马尼拉。

1919年冬天，印尼首富及糖王、著名的爱国华侨企业家和社会活动家黄奕住到菲律宾观光，李清泉等与其谈起"金融机关悉操外人，亟自为谋，以厚基础"，英雄所见略同，黄奕住当即认股菲币100万用于筹建银行。经过7个来月的筹备，中兴银行于1920年开业。

中兴银行成立后，经历了多次重大的发展和变革，在李清泉先生的领导下迅速扩展业务，成为菲律宾主要的金融机构之一。即使在面临世界经济大萧条和第二次世界大战等重大挑战时，中兴银行也展现出了强大的韧性和适应能力。中兴银行不仅在商业上取得成功，还积极承担社会责任，通过各种慈善活动和社会服务项目，为菲律宾社会的发展做出了贡献。作为菲律宾的主要银行之一，中兴银行对菲律宾的经济发展起到了重要的推动作用。银行的稳健经营和创新服务为菲律宾的企业和个人提供了坚实的金融支持。中兴银行还积极拓展国际市场，与全球多家金融机构建立了合作关系，不仅增强了其在全球金融市场的竞争力，也为菲律宾经济的国际化做出了贡献。

在英国品牌金融咨询公司（Brand Finance）发布的"2019全球最具品牌价值银行500强"（Banking 500 2019）榜上，东南亚地区共有41家银行上榜，其中至少有13家和闽籍华商有关，而菲律宾中兴银行位列第37位。[①]

（三）反抗菲律宾西文簿记法案，维护华侨利益

菲律宾西文簿记法案，正式名称为《2972号法案》，是1921年由菲律宾立法机构通过的一项具有争议性的法律。该法案要求所有在菲律宾从事商业、工业或其他营利活动的个人、公司、合伙企业或公司，必须使用英语、西班牙语或任何当地方言来记账，否则将面临高达一万比索的罚款或最多两年的监禁。

法案的实施对菲律宾的华侨社会产生了深远的影响。许多华侨商人由于不熟悉英语或西班牙语，无法遵守新的规定，面临着巨大的经营困难。如果法案实施，约15000家华侨零售商店将因无法雇佣外籍记账员而面临关门歇业，数万华侨家庭将失去生计。这一法案被视为一种排华行为，引发了华侨社会的强烈反对和抗议。世界上没有哪一个国家，对外侨在记账使用文字上施加侮辱性法律限制，国际上从没有过这种先例，菲华社会决心团结一致，抗争到底。

马尼拉中华商会成为抗争的领导机构，旨在维护和争取华侨华人的权益。李清泉作为当时马尼拉中华商会会长，迅速组织反应。他首先向美国驻菲总督哈里森提出异议，并派员到美国向美国总统和国会请求干预此案。李清泉先生不畏强权，发起成立

[①] Brand Finance. Banking 500 2019[EB/OL].（2019-03-21）[2024-07-08].https://brand finance.com/wp-content/uploads/1/banking_500_2019_locked.pdf.

"抗争干部会",自告奋勇担任抗争领导人。他以马尼拉中华商会的名义召开华侨大会,发动全菲华侨奋起抗争。同时,向菲法院提起诉讼,要求判令法案无效。但菲最高法院不顾华侨的正当要求,强行判决法案实施有效。李清泉先生不屈不挠,上诉至美国最高法院。他在向美国最高法院提起上诉的同时,还动员南洋各地华侨社团予以声援,得到各国华侨社团的热烈响应。由于马尼拉中华商会的上诉词严正,美国最高法院不得不于1926年6月判决菲律宾政府的西文簿记法案未经正当法律程序剥夺华人的自由和财产,应予否决。

这场历时5年的抗争,终于获得了胜利。李清泉以果敢和坚毅,维护了中华民族的尊严和侨胞的合法权益,得到了菲华社会的广泛尊敬。菲律宾中华商会特向他颁赠"侨界柱石"的荣誉银杯,以表彰他在抗争中的杰出贡献。李清泉先生的抗争不仅是对不公正法律的反抗,也是华侨社会争取尊严和权力的象征。他的行动激励了后来的华侨维权运动,成为华侨社会历史上的重要里程碑。

(四)心系祖国安危,全力赈资抗战

1931年"九一八"事变后,日本侵占中国东北三省,引起了全球华侨的强烈反响。菲律宾华侨社会,特别是在马尼拉的华侨商人,感到痛心疾首,纷纷组织起来开展抗日救亡运动。而李清泉就是当年爱国闽商的重要领袖之一,他成立了菲律宾华侨救国联合会和国难后援会等爱国组织。

1932年,日本侵略军发动"一二·八"事变入侵上海,李清泉与国内同胞一样义愤填膺,立即同杨启泰、王泉笙、曾廷泉等发起成立"菲律宾华侨救国联合会"。菲律宾华侨救国联合会的主要活动包括筹款、宣传抗日信息、组织抗日义勇队、购买国债等。这些活动在提高菲律宾及国际社会对中国抗战的认识和支持方面起到了关键作用。菲律宾华侨救国联合会的成立和活动,极大地增强了海外华侨与祖国之间的联系,也促进了华侨社会的团结和凝聚力。同时,该组织的抗日救国活动也得到了中国国民政府的认可和高度评价。

菲律宾华侨国难后援会于1932年2月3日正式成立。该组织由菲律宾华侨救国委员会、岷民拉木业商会、鞋业商会、米商会、铁业公会、烟叶商会、纸烟商会、笠商会、信局联合会、福联和布商会等多个华侨团体联合组成。李清泉被推选为主席,曾廷泉、薛芬士、陈迎来、许友超、桂华山、王泉笙等15人为执行委员。菲律宾华侨国难后援会的主要活动包括筹募抗日战争经费、组织抗日宣传、支援前线抗战等。该会成立后，积极发动华侨捐赠祖国抗日战争经费，并取得了显著成效。在淞沪战争期间，该会曾汇款 5 万元以增添作战经费。后来，十九路军移防福建时，该会又汇款 20 万元作为福建国防建设经费。此外，马占山领导的东北义勇军在积极开展抗日战争时，该会也汇款 2 万元予以资助。菲律宾华侨国难后援会作为抗日战争时期华侨社会的一个重要组织，展现了海外华侨对祖国的深厚情感和坚定支持，不仅是华侨社会历史的一部分，也是中华民族抗战史的重要组成部分。

在抗日战争中，李清泉的另一突出贡献是发起"航空救国运动"。1932 年 11 月，受名将翁照垣的呼吁，李清泉决定发起航空救国运动，筹组"中国航空建设协会马尼拉分会"。他率先垂范，出资捐助一架战斗侦察机。在他的带领下，菲律宾华侨捐资购机 15 架，这些飞机后来被编为"菲律宾华侨飞机队"，成为华侨支援祖国的象征。这是华侨最早的捐机活动，从此，蓝天中翱翔着华侨战机，祖国抗战如虎添翼。

值得一提的是李清泉的夫人颜敕。颜敕与李清泉并肩作战，成为一位杰出的爱国华侨妇女领袖。她在抗战爆发后把华侨妇女组织起来，成立"菲律宾华侨妇女抗日后援会"，后改名为"妇女慰劳会菲律宾分会"，从事抗战宣传、募捐和监督抵制日货等活动，成绩斐然。1938 年 3 月，以颜敕为主席的妇慰劳会菲律宾分会得悉八路军在前线英勇杀敌，深受鼓舞，特别致函朱德总司令，并汇款给八路军将士购置雨具。朱总司令与彭德怀将军联名复函，赞扬海外华侨的爱国精神。

（五）南洋华侨筹赈祖国难民总会

1937 年 8 月 13 日，日军进攻上海的消息传到东南亚后，华侨领袖陈嘉庚在新加坡发起组织华侨筹赈祖国伤兵难民大会委员会，号召中国侨胞捐款救国。南洋各地华侨相继组织筹赈会、慈善会，筹款纾难。隔年，印度尼西亚华侨领袖庄西言和菲律宾华侨领袖李清泉联合致函陈嘉庚，倡议建立一个南洋华侨抗日救亡斗争的最高组织，并将此设想函达重庆中国国民党政府。

1938 年 10 月 10 日，168 名来自南洋各地的华侨代表出席在新加坡召开的南洋华侨筹赈祖国代表大会，并决定成立"南洋华侨筹赈祖国难民总会"（下文简称"南侨总会"）。总会办事处设在新加坡，陈嘉庚出任总会主席，庄西言、李清泉为副主席。

南侨总会成立之际，号召全体侨胞各尽所能，各竭所有，自策自鞭，自励自勉，踊跃慷慨，贡献于国家。该会在各地的分支机构达 85 处。此后华侨筹赈工作在全南洋成为广泛的群众运动。陈嘉庚带头认常月捐 2000 元，南洋各地华侨积极响应。据统计[①]，1938年10月至1941年底，南侨总会领导南洋约1000万华侨华人发动了声势浩大的筹款捐物运动，共捐款5亿国币，认购救国公债2.5亿国币，捐献飞机217架、坦克27辆、汽车救护车1000多辆、大米1万余包，以及大量药品，数十万的救伤袋、雨衣、胶鞋等，并将这些物资源源不断地运回祖国支援抗战。在南侨总会的领导下，东南亚地区各界华侨组成"抗敌救国会"，走上街头宣传抵制日货的意义，到处张贴"制裁奸商办法"的告示，开展大规模抵制日货运动。此外，日商工厂的华工纷纷举行罢工，迫使厂家停业减产，而抗敌救国会则协助解决罢工后华工的生活困难问题。

陈嘉庚受国民党政府的西南运输公司的委托，发函至各地筹赈会及在报上登广告，号召华侨回国服务，组织南洋华侨回国机工服务团。1939年至1942年间，有3200余人参与其中[②]。抗战胜利后，有1126名机工返回了南洋，而1072人则留在中国云南。数据显示，在归国抗战期间，有约1028名技工在公路上因疟疾、轰炸以及山路险峻而殉职。

南侨总会的成立和活动，不仅在物质上支援了中国的抗日战争，更在精神上鼓舞了中国人民的抗战情绪。该组织的成立和活动，成为华侨抗日救国史上的重要篇章，对后世有着深远的影响和启示。

（六）竭力建设家乡

1925年前后，李清泉携资回厦门发展。他所拥有的容谷别墅是鼓浪屿最为经典的别墅建筑之一。1927年，李清泉开始组建李民兴公司和成记公司、美记公司，先后投资200万银圆参与厦门的市政建设——今第一码头至鹭江道750米的填海筑堤工程，后又追加12万银圆用于修缮工程。同时分别投资12万银圆、30多万元建造商用住房及民房等，有力地推动了厦门近现代化城市建设的步伐。[③]

1923年，李清泉与旅菲华侨吴达三、李文炳等发起成立泉围民办汽车路股份有限公司，修筑从晋江东南海岸的金井、围头通达泉州市的公路，全长26公里，解决了泉南沿海地区交通闭塞、商旅不便的问题。

1927年，李清泉创办的中兴银行（总部在马尼拉）在厦门设立分行，并在鼓浪屿设办事处，为厦门市政建设融资起了很大的作用。李清泉还筹资100万元在福州兴办造船厂，为母校同文书院捐款20万菲币等。[④]

---

① 鼓浪屿侨联. 鼓浪屿华侨[M]. 厦门：厦门大学出版社，2017：50-53.
② 陈嘉庚. 南侨回忆录[M]. 厦门：厦门大学出版社，2022：126.
③ 鼓浪屿侨联. 鼓浪屿华侨[M]. 厦门：厦门大学出版社，2017：77-78.
④ 鼓浪屿侨联. 鼓浪屿华侨[M]. 厦门：厦门大学出版社，2017：20，133，147，163.

李清泉提倡实业救乡,成立"闽侨救乡大会",致力于福建的开发和建设。《新闽日报》同时应运而生。在维持地方秩序、武装侨乡的前提下,闽侨救乡大会还讨论兴办实业与教育,建筑全省铁路,兴办漳龙路矿。在闽侨救乡会的带领下,在李清泉的带动下,南洋华侨开始在福建投资,并把投资建设家乡的热情集中在了厦门。

李清泉身患糖尿病,却仍抱病为国奔走,致病情恶化。1940年10月15日,他在临终之时留下遗言:"将10万美元遗产给祖国抚养难童。"人们盛赞他是"至死不忘救国的人"。颜敕继承了李清泉的遗愿,赈济家乡和祖国各地的灾民。1946年夏,闽南大旱,米价狂涨,华侨闻讯纷纷捐款开展赈灾救援活动。1947年1月,颜敕携赈灾款6.75万元菲币抵厦,对泉州、南安、惠安、厦门等七县市进行了施赈。

四、近代闽商精神特点

(一)身在四海心在中华的爱国精神

以陈嘉庚为代表的闽商的商业成就、教育贡献和爱国精神深深烙印在中国人民心中。爱国闽商即使身处外国,也通过各种途径团结起来,汇集金钱、药品、木材甚至武器支援本土战场,为新中国的建立与发展做出了巨大贡献,是华侨的骄傲和中华民族的宝贵财富。

(二)灵活变通的创业精神

近代闽商如李清泉、林绍良等,他们发展产业不拘一格,积极开拓变通,涉足木材、金融、水泥、地产等多个行业,将闽商精神贯穿各行各业。

(三)建设家乡的社会精神

胡文虎不仅创办了成功的企业,还在抗日战争期间积极捐款支援祖国,体现了闽商的社会责任感;林绍良在时任福州市委书记习近平同志的号召下与政府签订开发50平方公里元洪投资区的协议,建成当时全国最大的外商成片开发区;李清泉成立闽侨救乡大会,致力于福建的开发和建设,在厦门兴办各类产业。这些都体现了闽商回馈家乡、建设家乡的精神。

(四)坚韧不拔的开拓精神

坚韧不拔是闽商身上的共同特质,这让他们在商业上开疆拓土时,面对一切困难都能够克服。例如邱映光经历了清朝末年、北洋军阀、国民党统治和新中国4个时期,商业道路历经磨难,但他的坚韧不拔和商业智慧使他成为闽西北木材行业的翘楚。

第二章 嘉庚精神的形成与影响

第一节 嘉庚精神的内涵与核心阐释

陈嘉庚一生创业、兴学、爱国、服务社会，形成了一系列崇高的精神，代表了中华儿女推动中华民族复兴的一种努力和实践。因此，嘉庚精神是近代以来海外华侨报效国家和社会的一面旗帜，其内涵很多，不同时代、不同群体的理解有所侧重。本书主要结合闽商精神，从艰苦创业、倾资兴学、爱国情怀三个方面展开追溯陈嘉庚的主要事迹。

一、嘉庚精神之艰苦创业

（一）随父经商，经受锻炼

陈嘉庚的父亲陈杞柏早年便踏上了新加坡的商海征程，最初以大米生意起家，凭借从越南、泰国、缅甸等地采集的货源，成功在新马各地转销。随后，他又涉足小型菠萝罐头厂、菠萝园和房地产等领域的经营，凭借敏锐的商业洞察力和辛勤的努力，终于在1899年积累了超过30万元的资产，在商界崭露头角。然而，遗憾的是，陈杞柏后来经营管理不善，企业逐渐由盛转衰。

1890年的秋天，陈嘉庚在收到父亲的召唤后，离开了他的家乡集美到新加坡。抵达新加坡后，他在父亲经营的顺安号米店协助族叔处理文书和银钱货账的工作。族叔不时返乡，其间陈嘉庚便暂时代理米店的业务。在协助父亲经商的日子里，他始终恪尽职守、廉洁自律、刻苦学习、勤奋工作，初步展现了他在商业领域的才华和品质。

1900—1903年，陈嘉庚返回家乡为母亲守孝三年。待他再回新加坡，发现父亲的企业已经负债累累。1904年初，陈家的产业不得不宣告倒闭。

面对家族的衰败，陈嘉庚心中充满了无尽的感慨。他说："我的父亲一生辛勤耕耘，历经数十载的艰难困苦，却遭遇如此不幸，这让我深感遗憾与痛心。我发誓，无论付出多少努力，无论需要多长时间，我都会竭尽全力去偿还债务，以免留下遗憾。"

家族的没落，让陈嘉庚深刻领悟到：如果不去真正管理家庭、人员和财务，那就等于没有真正当家，这样的企业必然走向衰败。陈嘉庚随父亲经商的14年，尝遍了人生的酸甜苦辣，得到了宝贵的锻炼机会和深刻的教训。

（二）重新振作，再次创业

1904年的春天，陈嘉庚看中了菠萝罐头这个行业。菠萝作为新加坡特产，品质上乘，采购方便，制成罐头后可以远销欧美。而且，生产周期短，原料可以赊购，成本较低，具有可观的利润。他果断地抓住了这个机遇，迅速投入资金，利用简易的厂房和旧的机器设备，赶在夏天菠萝旺季前投产。同时，他还合法接手了一家菠萝罐头厂，业务一开张就呈现出一片繁荣的景象。

彼时新加坡的菠萝罐头厂，数量多达20余家，竞争异常激烈。在这样的市场环境下，要想立足并取得成功，摸清行情、灵活应对显得至关重要。陈嘉庚经过深入的市场调研了解到：各种罐头包装的种类繁多，其中条庄、方庄、枚庄等包装形式占据了市场的大部分份额，但由于生产者众多，利润相对微薄；而杂庄产品虽然市场份额不大，但因其独特的工艺和较高的技术要求，鲜有生产者涉足，所以利润丰厚。陈嘉庚看准了这个商机，毅然决定迎难而上，将杂庄产品作为自己的主打产品，从而独占了这一领域的利润。

在经营过程中，陈嘉庚还发现同行多采取按季核算成本的方式，导致在生产和销售过程中存在许多漏洞和浪费现象。而陈嘉庚则采取了更为精细化的管理方式，他实行当日采购、当日生产、当日核算的制度，确保每一笔交易都清晰透明，不允许有任何的混淆和浪费。他每天从清晨到午后都会亲自到工厂视察，确保生产过程的顺利进行。这种严谨的管理方式使得他的罐头厂在当年就实现了可观的利润，赢得了开门红，也赢得了员工们的信任和尊重。

在罐头厂取得初步成功后，陈嘉庚并没有满足于现状，而是进一步扩大业务规模。他首先扩大了罐头厂的厂房、增加了设备，并低价购进一块半闲置空地用于种植菠萝。经过两年的精心培育和管理，这片土地成了当地最大的菠萝园，名为"福山园"。福山园的菠萝品质优良、产量丰富，为菠萝罐头厂提供了充足的原料。同时，陈嘉庚还投资开设了米店和熟米厂，进一步拓展了自己的业务范围。他的米店以优质的服务和产品赢得了顾客的青睐；而熟米厂则凭借其独特的产品特性和市场需求，获得了丰厚的利润回报。这些成功的经验不仅为陈嘉庚的商业帝国奠定了坚实的基础，也为他赢得了广泛的赞誉和尊重。

而后陈嘉庚的曼谷之旅，可谓收获颇丰，不仅完成了业务上的使命，更开启了他商业版图的新篇章。陈嘉庚在北柳港设立了菠萝罐头工厂，开始了菠萝罐头的生产，并同时采购稻谷，实现了多元化经营。

除了菠萝罐头产业，陈嘉庚还敏锐地察觉到了橡胶产业的巨大潜力。在1906年，南洋橡胶还是一种稀有物品。陈嘉庚得知种植橡胶可以带来丰厚的利润后，毫不犹豫地购买了一批橡胶种子。他在福山园中尝试与菠萝间作种植橡胶，接着又在该园附近低价购地扩大种植规模。然而，就在他满怀希望地期待橡胶产业的腾飞时，命运却给了他两大打击：一是其父离世；二是熟米厂发生火灾，损失惨重，严重影响了他的资金周转。面对困境，陈嘉庚没有放弃，他毅然将橡胶园抵押，以渡过难关。之后，他另辟两处胶园，并充分利用土地资源，采用套种的方式，既种植橡胶又种植木茨和菠萝。经过数年的辛勤努力，橡胶园终于迎来了丰收，仅这一项就为他带来了25万元的利润，成为他所有产业中盈利最多的部分。

从1904年到1911年，是陈嘉庚独立创业的黄金时期。他凭借勤奋和智慧，在商界中闯出一片天地。他不仅在经营中兢兢业业、胆大心细，更是重信义地偿还了父亲的债务。同时，他也初步摸索出了种植橡胶的经验，并拥有了多家菠萝厂、米厂（店）和橡胶园。这些产业的成功经营为他带来了巨额利润。在当时的新加坡，能取得如此辉煌的成就，已经足以让他成为有实力的华侨实业家之一。

1914年，第一次世界大战的硝烟弥漫全球，船只资源紧张，运输变得异常艰难。这对于陈嘉庚所经营的米业来说，无疑是一个巨大的挑战。面对困境，他果断采取了应对措施，先是租赁了两艘船，分别穿梭于太平洋和印度洋之间，确保了米业的运输需求。经过数月的精心运营，这两艘船的运输业务颇为顺利，为陈嘉庚的米业发展注入了新的活力。在此基础上，陈嘉庚又进一步扩大航运业务，再次租赁了两艘船，不仅运输米业所需的物资，还兼营将英国政府所需的木片运输至波斯湾的业务。这一举措不仅增加了航运的收入，也进一步提升了陈嘉庚的商业影响力。随着租船合同的到期，陈嘉庚决定以长远的眼光来看待航运业的发展。他斥资70万元，低价购买了两艘旧货轮（载重均超过3000吨），不仅自己使用，还对外出租，实现了航运业务的多元化发展。四年间，仅航运一项就为陈嘉庚带来了高达160万元的收入，这无疑是对他的智慧和勇气的最好回报。

战争的残酷和不可预测性也给陈嘉庚的航运事业带来了沉重的打击。1918年，他购买的两艘货轮在地中海不幸被德国舰艇击沉，造成了巨大的经济损失。幸运的是，这两艘货轮事先均已投保，陈嘉庚因此获得了赔款，但陈嘉庚的航运事业也从此中断。失去了航运这一主要的利润来源，这无疑是一个巨大的遗憾。

然而，陈嘉庚并没有因此气馁。在第一次世界大战期间，他除了涉足航运业外，还继续经营米业，并逐渐将营业重点转向了橡胶业。到 1918 年，他已经拥有了 3 处橡胶园，并建立了 3 家橡胶厂，获得了丰厚的利润。这时，陈嘉庚在新加坡已经成为一位华侨大实业家，他的名字在商界中闪耀着光芒[①]。

（三）橡胶巨头，再铸辉煌篇章

1919 年，陈嘉庚毅然回国，肩负起筹办厦门大学的重任。他深知教育的重要性，愿意为之付出一切。然而，他的商业帝国并未因此停滞，而是交由其胞弟陈敬贤等人代为管理。几年后，当陈嘉庚再次返回新加坡时，他敏锐地察觉到了市场的新变化与竞争的新态势。面对这一局面，他果断采取了一系列强化橡胶经营的策略，旨在重塑橡胶业的辉煌。

他首先以极低的价格收购了马来亚各地处于停工或半停工状态的 9 家胶厂，并进行了精心改造和整合，形成了一个庞大的生产体系，收获了巨大的经济效益。

在扩大生产规模的同时，陈嘉庚也注重橡胶园的拓展。他在新马等地开辟了新的橡胶园，成为南洋华侨中颇具影响力的橡胶园主之一。这些新橡胶园的开辟不仅为公司提供了充足的原料，也进一步巩固了他在橡胶行业的地位。

除了生产规模的扩大，陈嘉庚还注重橡胶制品的研发和制造。他投入大量资金建设胶品制造厂，生产各种车胎、胶靴鞋、橡胶制的卫生用品和日用品等。其中，"钟标"胶鞋以其优良的品质和独特的设计赢得了市场的广泛认可。此时，他的公司旗下已拥有 30 余间大小工厂，员工数量更是达到了 3 万余人，成为南洋地区橡胶行业的佼佼者。

为了更好地拓展市场，陈嘉庚采取了遍设经销处的策略。他坚持自销为主、代理为辅的原则，在全球范围内广泛设立经销处和代理商。这些经销处和代理商遍布世界五大洲的 100 多个地区，为公司产品的销售和品牌推广提供了强有力的支持。

通过上述措施的实施，陈嘉庚的橡胶公司实现了利润的快速增长。此时的陈嘉庚，不仅在新加坡，在整个南洋地区都算得上是一位实力雄厚的华侨大实业家。他凭借自己的智慧、勇气和毅力在橡胶行业创造了辉煌的业绩，为后人留下了宝贵的财富和宝贵的经验。

---

① 林桂桢，应洁. 陈嘉庚：奠定新中国航运业基石 [N]. 厦门日报，2017-06-09（A03）.

（四）历经风雨，企业陷困境

古人曾言："福祸相依，变幻莫测。"第一次世界大战的硝烟散去后，西方经济如凤凰涅槃般复苏，列强们对东方殖民地的经济争夺愈发激烈。他们看到了橡胶制品市场的巨大利润，纷纷投资设厂，试图在这个领域分得一杯羹。然而，这种过度的投资很快导致了一个问题——1926年，橡胶制品市场出现了供大于求的情况，胶价暴跌。

与此同时，东邻日本也不甘示弱，他们大力推行"南进政策"，通过税收优惠和出口补贴等手段，制造出了大量廉价的胶品，并在东南亚市场上进行低价倾销。在这样的背景下，陈嘉庚的公司受到了前所未有的挑战。面对列强财团的联合排挤和打击，公司势单力薄，难以应对，经营陷入困境。

然而，困境并未就此结束。1928年5月3日的"济南惨案"爆发后，陈嘉庚领头筹款，全力救济受难的同胞，其创办的《南洋商报》也积极宣传抵制日货，呼吁民众共同抵抗外敌的侵略。这一举动激怒了日商及一些奸商，他们串通一气，放火烧毁了陈嘉庚最大的胶品厂，给陈嘉庚公司造成了巨大的损失。经过这一连串的打击和折腾，陈嘉庚的资产损失过半，企业元气大伤，陷入了前所未有的困境之中。

在1929年资本主义经济危机的猛烈冲击下，全球市场陷入混乱之中。到了1931年，新加坡的橡胶价格跌至令人震惊的境地，陈嘉庚的企业也遭遇了连年亏损的困境。

为了维持集美学校和厦门大学的运营经费，陈嘉庚不惜一切代价，变卖了部分校产，举债，甚至不惜卖出自己的大厦。在这一连串的筹措下，陈嘉庚的负债金额已经远远超过了他的资产总额。最终，他不得不接受当地银行集团的建议，将其独资企业改组为股份有限公司。但因陈嘉庚失去了对企业的绝对控制权，后来在政策上与财团存在冲突，陈嘉庚不愿再受制于人，于1934年初毅然决定关闭企业。

多年后，当有人真诚地向陈嘉庚请教企业经营之道时，他深思熟虑后给出了两个核心原则：首先，要有强大的祖国作为后盾；其次，经营企业不仅要具备经济眼光，更要有政治眼光。这两条原则，是陈嘉庚在海外经商数十年的深刻体悟和宝贵经验。[①]

二、嘉庚精神之倾资兴学

（一）倾资兴学，千古一人

陈嘉庚一生都在致力于教育事业的发展。他不仅创办学校多达118所，更是倾尽

[①] 林斯丰. 陈嘉庚精神读本[M]. 厦门：厦门大学出版社，2007.

心血资助这些学校，使它们茁壮成长。他几乎是以一己之力，将原本荒凉落后的渔村，逐步打造成了一个教育体系完善、充满活力的学村。不仅如此，陈嘉庚还让昔日荒芜的演武场，变成了一所集教学与科研于一身的高等学府——厦门大学。他毫不犹豫地投入了自己所有的财富，将全部心血倾注于教育事业之中。陈嘉庚一生都在践行"倾资兴学"的理念，为中国的教育事业做出了卓越的贡献。因此，他被后人誉为"倾资兴学，千古一人"，成了中国教育事业史上的不朽传奇。

（二）服务国计民生，培育职业人才

陈嘉庚的教育事业远不止于集美一隅，他的目光深远，直透民族兴衰之根。在当时社会背景下，人们急需解决谋生问题，因此，陈嘉庚在基础教育之外，特别强调职业教育的重要性，将工、农、商等现代高等教育学科全面引入集美学校。

陈嘉庚的教育观主张以振兴教育为核心，他坚信首要任务是培育优秀的师资。他提出"应增设初等师范以培养小学教师"，并强调这些初级师资的培养必须依赖高等师范的指导和支持，因此，从根本上讲，高等师范的设立和发展是不可或缺的。此外，陈嘉庚还注重培养建设型人才，他认为结合我国社会经济的现状，尤其应关注农工商等学科的发展。

在创办集美学校时，他摒弃了传统的分散式教育模式，转而推行统一的新式学校体制，学校课程的设置充分考虑了社会的实际需求，既注重实用性又强调研究性。他强调，学生的教育应全面而均衡，包括知识、思想、能力、品格的培养，以及实验、体育、园艺、音乐等课外活动的参与，使它们与主课程相辅相成，共同促进学生的全面发展[1]。

（三）殚精竭虑，创办厦大

创办厦门大学，是陈嘉庚兴学史上的一座丰碑。这位具有远见卓识的华侨领袖，凭借在英殖民地多年的观察和国际市场的经验，以及对现代欧洲强国的深入研究，深刻认识到科学对于国家发展的重要性。他坚信：今天之世界，乃是科学之世界。而科学的发展离不开专门的大学来培养人才。因此，他下定决心要为中国南方建设一所高水平的大学，为国家的繁荣富强培养更多的栋梁之材。

1919年5月，陈嘉庚毅然决定回国，以实现他长久以来创办大学的梦想。他预计这次回国办学将是一段漫长而艰辛的旅程，可能需要四五年，甚至更久。为了确保南

---

[1] 夏蒙. 第一公民：陈嘉庚传[M]. 北京：中国友谊出版公司，2013.

洋的实业能够稳定运营，他放心地将业务交给了胞弟陈敬贤和公司经理李光前管理。为了与共事多年的同仁们道别并表示深深的感谢，他特意召集了公司的高层和中层职员，举办了一场盛大的告别宴会。陈嘉庚庄重宣布他将长期居住在中国，全身心地投入教育事业的发展中。他期望同仁们能够"一心协力进行"，共同为中国的教育事业贡献力量。他还郑重地承诺，今后每年从生意和产业中所得的利润，除了必要的开支外，将尽可能多地投入教育事业中，即使累积到数百万元，他也将毫不犹豫地将其寄回祖国，用于支持教育的发展。

1919年8月7日，陈嘉庚先生毅然宣布，捐出100万元洋银用于厦门大学的筹办，并额外提供300万元洋银作为经常费用，承诺在未来12年内全额支付。这400万元洋银的捐款，在当时是一笔无比巨大的财富，几乎等同于陈嘉庚先生的全部资产。从此，厦门大学便承载着"四万万之民族决无居人之下之理"的自强精神与雄健豪气，铸就了其独特的文化基因与精神底蕴。

（四）面对困境，坚忍不拔

在冷酷无情的现实面前，陈嘉庚展现出了令人钦佩的坚韧与毅力。厦门大学自建立之初，其背后巨大的经济支撑几乎全部来源于陈嘉庚的无私奉献。自1926年全球经济萎靡不振后，陈嘉庚公司经营艰难，但陈嘉庚却展现出了令人敬佩的坚韧与决心。他深知学校的运营离不开资金的支持，因此，他毫不犹豫地决定牺牲自己的全部企业资产，将每一分钱都投入学校的建设中。同时，在个人及家庭生活上，他也采取了极度节俭的态度，几乎到了苛刻的地步。他的大儿子陈济民看到父亲如此辛苦，曾提议减少给集美和厦大的经费，以缓解公司的经济压力。然而，陈嘉庚却坚定地表示，他只要有一口稀粥和几粒花生仁就能维持生活，学校的运营和孩子们的未来才是最重要的，他绝不能因为一时的困难而放弃。

在最艰难的时刻，陈嘉庚甚至做出了一个令人震惊的决定——变卖家人居住的别墅。这座别墅不仅是他们家庭的象征，更是他们多年努力的结晶。然而，为了确保集美学校和厦门大学的正常运营，陈嘉庚毅然决然地将它变卖，所得款项全部用于支持两校的经费。这一消息在新加坡引起了轰动，一家报纸以《为教育献身，陈嘉庚毅然变卖家宅》为题进行了报道，赞扬了他的无私与伟大。

1931年，由于银行集团的强制干预，陈嘉庚的公司被迫转型为股份有限公司，并收到了向两所学校终止供资的命令。面对这一局面，他深感不满，坚决拒绝出任新公司的总经理，并坚定地说，即使企业面临倒闭，学校也绝不能因此停办。银行方面在无法说服他的情况下，只好询问他的出任条件。陈嘉庚提出了月薪新加坡币4000元的要求，银行集团最终不得不接受这一条件，但令人意想不到的是，在每月薪金发放之际，陈嘉庚却要求银行集团将他的全部薪水转至两所学校作为经费。这种特殊的薪金支付方式一直持续到1934年，他的有限公司正式结束运营。

在公司收盘之后，社会上流传着"两所学校即将关闭"的谣言。为了平息这些不实言论，陈嘉庚在1934年7月16日公开发表声明：这些只是无稽之谈，两所学校完全可以自给自足，不会受到任何影响，恳请所有师生坚定信念，自强不息，共同振兴我们的民族文化，不要为这些无端的谣言所动摇。

随着经济危机愈演愈烈，陈嘉庚原本宏伟的蓝图——扩建厦门大学和集美学校、普及教育、增设图书馆等计划，遭遇了空前的困境。为了挽救学校于危难之中，他将变卖工厂所得，除了偿还债务外，全部用作学校的紧急援助资金。面对外界的质疑和嘲讽，他坚守着"只要生命不息，志向就永不减退"的信念，以及"宁可舍弃大厦，也要支持厦大"的决心。在一次家庭聚会上，他力排众议，毅然决定将自己在新加坡事业巅峰时期购置的三幢豪华大厦全部变卖，以确保厦门大学的正常运营。

到了1937年，形势更加严峻，陈嘉庚在万般无奈下，做出了一个艰难的决定：将厦门大学无条件地奉献给国家，由政府接管。在给当时教育部部长王世杰的信中，他未提任何个人回报，只是反复强调办好厦门大学的重要性，并深感自责，认为自己创办厦大却未能善始善终，留下了深深的遗憾。

新中国成立后，回到家乡的陈嘉庚又亲自主持了厦门大学和集美学校的修建和扩建工程。他对厦大领导说，要让万吨、十万吨的国内外轮船从东海一进入厦门时，就看到新建的厦门大学，看到新中国的新气象。

作为一位从新加坡归来的华夏儿女，陈嘉庚先生的慷慨捐赠与深远见识，在中国教育史上书写了熠熠生辉的篇章。

三、嘉庚精神之爱国情怀

（一）领导华侨捐款捐物，支援祖国长期抗战

陈嘉庚始终将祖国的命运与自身的责任紧密相连。早在1923年，他就在新加坡创立了《南洋商报》，旨在通过这份报纸，广泛传播国货的重要性，并宣传坚决抵制日货，

这一举措在华侨社会中产生了深远的影响。

1928年5月3日,日本军队悍然出兵济南,制造了震惊中外的"济南惨案"。面对这一惨案,陈嘉庚迅速行动起来,他积极联络新加坡的华侨同胞,共同组织成立了"山东惨祸筹赈会",并亲自担任会长一职。在他的号召下,华侨们纷纷捐款捐物,最终筹集到了130余万元,用于救济山东受难的同胞们。这一行动,不仅体现了他对正义事业的坚定支持,也展现了他反对强权、维护和平的坚定立场。

1931年,日本发动"九一八"事变,强行占领了我国的东北三省。面对这一严峻形势,陈嘉庚再次挺身而出。他在新加坡召开侨民大会,向国际联盟及美国总统罗斯福发出了通电,强烈要求他们履行国际公约,维护世界和平。同时,他还向在东北英勇抗击日寇的马占山将军和1932年"一·二八"保卫上海的国民革命军十九路军捐款捐物,以表达对他们的慰问和支持。这些捐款和物资极大地鼓舞了前线官兵的士气,使他们更加奋勇杀敌。

到了1937年,随着"七七"事变的爆发,祖国全面抗战的序幕正式拉开。在这关键时刻,南洋的华侨们纷纷行动起来,成立了各种名义的群众组织,以支援祖国的抗战事业。其中,在新马地区成立的"华侨筹赈祖国伤兵难民委员会"尤为引人注目。陈嘉庚被推举为该委员会的主席,他积极发动华侨捐款捐物,多寄侨汇,并坚决抵制日货,惩办奸商。在他的带领下,南洋各地的类似组织也相继成立,当地的侨领们纷纷担任负责人,共同为祖国的抗战事业贡献自己的力量。这些行动不仅展现了华侨同胞的爱国情怀和坚定立场,也为祖国的抗战事业提供了有力的物质和精神支持。

随着抗日战争形势日益严峻,南洋各地的华侨团体深刻认识到,必须构建一个统一的联合组织,以实现领导力量的集中和协作效率的提升。为此,他们积极呼吁并期待一位德高望重、深受尊敬的领导者来引领这一重要进程。陈嘉庚,这位备受尊敬的华侨领袖,成了他们心目中的理想人选。1938年10月,南侨总会成立。这次成立大会还郑重通过了一份宣言,详细列举了日本侵略者在中国犯下的种种罪行,并深刻揭露了日本帝国主义意图吞并中国并征服世界的野心。宣言号召南洋八百万华侨团结一心,以坚定的决心和行动,成为祖国政府坚实的后盾。他们承诺将竭尽所能,通过捐款捐物、多寄汇款等方式,全力支援抗战事业。他们坚信,只要团结一致,抗战必将取得胜利,国家的建设也必将取得圆满成功。

南侨总会的成立,不仅标志着南洋华侨在抗日救亡的伟大事业中实现了空前的团结和统一，也证明了陈嘉庚是南洋华侨心中无可替代的领袖。在南侨总会的坚强领导下，南洋各地的筹赈会得到了进一步的扩大和发展，开展了一系列支援祖国抗战的实际行动。这些行动不仅效果显著，而且极大地鼓舞了前线将士的士气，为抗战胜利奠定了坚实的基础。

陈嘉庚后来深情地回忆道，那时为祖国的抗战筹款如同风起云涌，声势浩大，前所未有，富有的商贾慷慨解囊，辛勤的劳工也倾其所有，每一个人都尽己所能，为抗战贡献自己的力量。即便是在企业面临困境、资金紧张的情况下，他依然坚持每月捐款两千元，以身作则，直到抗战取得胜利。

为了更好地引领南侨总会的工作，陈嘉庚甚至选择入住怡和轩俱乐部（新加坡华侨华人活动中心），不分昼夜地投入抗日救亡的战斗中。他多次鼓励各地的分会同仁："无论环境多么艰险，都不应丧失信心；无论筹款过程多么艰难，都不应气馁。我们要带领华侨们，为抗战事业奋斗到底。"正是在陈嘉庚先生的卓越领导下，南侨总会的工作取得了巨大的成功，得到了广大华侨的积极响应和大力支持。

除了捐款，侨汇也是华侨们支持抗战的重要方式之一。侨汇是华侨们寄回祖国，用于赡养亲属的汇款，其数额往往比捐款更为庞大。据统计，从1937年至1943年，通过银行途径的侨汇总额高达55亿元（国币），平均每年约8亿元，其中以南洋侨汇为主。然而，随着1942年后南洋各地相继沦陷，侨汇和捐款也一度中断。但即便如此，欧美等地的华侨依然通过侨汇和捐款的方式，继续为祖国的抗战事业贡献着自己的力量。

抗战爆发后，海路被封锁，原本依赖海路运输的海外战略物资不得不转向陆路。在滇缅公路上，运输队伍肩负着运送抗战所需物资的重任。然而，当时国内机工和汽车严重短缺，运输过程异常艰难。在这关键时刻，陈嘉庚挺身而出。他受国内西南运输公司的委托，在1939年到1940年间，通过南侨总会从新马等地招募了十批"经验丰富、技术高超、胆识过人"的机工，共计3500余人，并捐赠了310辆汽车和其他必要的物资。这些华侨机工，怀着对祖国的深深热爱，告别了南洋的亲友，踏上了祖国的土地。在崎岖险峻的滇缅公路上，他们克服了一个又一个难以想象的困难，将国内急需的战略物资运送到前线。他们每天平均运送超过300吨的物资，总运送物资数量之庞大令人惊叹。1940年，陈嘉庚回国，不辞辛劳亲自前往滇缅公路沿线慰问视察，尽自己所能解决运输队伍面临的实际困难，并鼓励华侨机工们继续为祖国的抗战事业贡献力量。他的这一举动,至今仍深深地印刻在人们的心中,成了一段难忘的历史记忆。

(二)反对和谈主张抗战,挺身而出声讨逆贼

在抗战的硝烟弥漫的岁月里,陈嘉庚的卓越贡献和坚定立场显得尤为耀眼。他不仅在经济领域引领广大华侨,以慷慨的捐款和物资支持为祖国的抗战事业注入了强大的活力,更在政治舞台上扮演了举足轻重的角色。他以其敏锐的政治洞察力和坚定的爱国信念,为祖国的抗战事业注入了坚定的信念和动力。

陈嘉庚深知,在这场生死存亡的斗争中,任何妥协和退让都意味着国家的沉沦和民族的耻辱。因此,他始终站在抗战的最前沿,用自己的行动和声音,为祖国的抗战事业摇旗呐喊。在面对汪精卫等投降派的诱惑和威胁时,他更是展现出了非凡的勇气和坚定,不仅公开谴责卖国贼的卑劣行径,更是积极组织力量与他们进行了坚决的斗争。

在辛亥革命的风云变幻之际,汪精卫曾紧密追随孙中山的革命步伐,后来更荣任国民党副总裁之职。他与陈嘉庚早年侨居南洋时便结识,二人私交甚笃。陈嘉庚筹办厦门大学之时,曾一度考虑聘请汪精卫为校长,然而因种种原因未能如愿。抗日战争全面爆发后,特别是南京陷落之际,陈嘉庚听闻汪精卫主张与日方和谈,起初他对此深表怀疑,认为以汪精卫"党国要人"的身份与立场,不会如此丧失国格、尊严地背叛民族利益。然而,1938年10月武汉、广州相继失守的消息传来,外部电讯亦证实汪精卫已公开发表和平谈话,这使得陈嘉庚警觉起来。于是,他以南侨总会主席的身份直接致电汪精卫,询问外界传闻是否属实,同时明确表明在日本占据我国大片领土的情况下,对日和平绝不可能实现。次日,汪精卫回复电文,大意是两国战争终须和平解决,考虑到国家积弱现状,非和平则亡国,因此和平才是挽救危局的上策。面对此复电,陈嘉庚先生再次发出二封急电,指出或许我国武力相对较弱,但敌寡我众、民气旺盛,若长期全面抗战下去,侨汇外汇将源源不断增加,敌人绝不可能灭亡我们。同时,英、美、苏等国也绝不会坐视不管。倘若此时与日寇言和,国内各省必将反对,由此造成的分裂后果将更加严重。他再次恳切劝诫汪精卫放弃和谈主张,与全国同胞一道坚持到底。然而,汪精卫的来电仍坚持其和平立场不动摇,似乎并未悔过自新。至此,陈嘉庚先生认为汪精卫已不可救药,遂致电蒋介石表明反对和谈、主张抗战的心意。

当陈嘉庚决定将与汪精卫的往来电文公之于众时,他深知此举的重要性和影响力,但仍毫不犹豫地将这些电文交给了南洋及重庆的各大报刊，期待它们能够如实报道，唤醒人们的警觉。不久后，南洋的报纸纷纷刊登了这些电文，但重庆方面却对此事保持了异常的沉默。此时正值 1938 年 10 月下旬，重庆参政会即将拉开帷幕。陈嘉庚作为华侨参政员，肩负着华侨同胞的期望和重托，他深知在这个关键时刻，必须站出来发出自己的声音。于是，他提出了那震撼人心的"敌未出国土前，言和即汉奸"①的十一字提案。这不仅仅是一个提案，更是他对国家、对民族、对未来的坚定信念和强烈呼吁。经过大会的激烈讨论和投票，这个提案最终获得了多数通过，成了参政会的重要决议。

这一决议的通过，无疑给那些主张妥协投降的势力以沉重的打击。然而，令人遗憾的是，蒋介石却在这个关键时刻选择了纵容和包庇，公然违背民意和参政会的决议，对汪精卫的叛国行为未予追究和严惩。1938 年 12 月，汪精卫潜逃出境叛国投敌的消息传来，举国公愤。陈嘉庚再次挺身而出，致电蒋介石，强烈要求他宣布汪精卫的罪行并通缉其归案。他明确指出，汪精卫不仅是孙中山先生的叛徒，更是中华民族的国贼，其罪行不可饶恕。然而国民党当局仅仅开除了汪精卫的党籍，却未将其绳之以法。陈嘉庚对此深感愤怒和失望，他再次致电痛斥蒋介石，表达对国民党当局的不满和抗议。他呼吁全国上下共同声讨这种纵容包庇国贼的行为，坚决维护国家和民族的尊严和利益。

汪精卫在公然叛国投敌之后，仍恬不知耻地暗中操纵其党羽，在南洋地区散布谣言，煽动民心，企图阻挠和破坏抗战事业。为了警醒海外侨胞，陈嘉庚毅然以南侨总会的名义，发布了一份详尽的通告，详细列举了汪精卫的卖国罪行，并号召广大侨胞们认清真相，共同声讨叛徒，继续慷慨解囊、捐款捐物，支持国家的抗战事业。这一号召得到了全球各地华侨的热烈响应，他们纷纷行动起来，参与到讨逆的活动中来。新马地区的华侨更是积极组织"反汪宣传周"，参与人数高达 170 万人次，共同表达了对汪精卫的强烈谴责和自身的坚定立场。仰光的侨胞们更是筹集了 100 万元作为缉拿汪精卫的经费，体现了他们坚定的爱国心和正义感。欧美地区的华侨也与南洋华侨并肩作战，讨逆活动遍布各大侨居城市，形成了一股强大的声势。

陈嘉庚为了国家民族的利益，不惜牺牲个人私谊，敢于挑战执政的国民党当局，在抗战的关键时刻挺身而出，向汪精卫等叛徒发起了猛烈的攻击。他的坚定立场和果

---

① 陈嘉庚. 南侨回忆录[M]. 厦门：厦门大学出版社，2022：103.

敢行动,有力地打击了妥协投降派的嚣张气焰,进一步激发了全国军民的斗志和信心。在政治上,他为祖国的抗战事业做出了宝贵的贡献,成了我们的骄傲和楷模。

(三)回国亲访,慰问前线将士,力促国共两党携手共御外侮

1940年,陈嘉庚肩负着全体华侨的期望,毅然决定组织南洋华侨回国进行慰问与考察。此行的目的有二:一是为前方英勇抗日的将士们送去温暖与鼓励,激发他们继续奋勇杀敌的斗志;二是通过实地考察国内状况,将所见所闻传达给侨胞们,以加深他们的爱国情感,进而持续为抗战提供财力物力的支持。

此外,陈嘉庚还怀揣着一个重要的使命——亲自了解国共纷争的真相,并努力促使双方以国家和民族的利益为重,大敌当前,能够摒弃前嫌、共同对外。

1940年3月26日,陈嘉庚精心组织的南洋华侨回国慰劳视察团(简称"慰劳团")正式启程。他偕同庄西言等人,从仰光出发,直接飞往重庆。在重庆机场的欢迎茶会上,陈嘉庚激动地发表讲话。他深情地回顾了自己离开祖国已有十八九年之久,虽然对国内的情况了解有限,但始终心系祖国,时刻惦念着这片热土。他表示,此次回国,他们带来的是一颗颗热烈而赤诚的心,是对祖国的无限热爱和期望。他还将祖国比作华侨的父母,强调华侨援助祖国是子女对父母应尽的责任。他呼吁大家团结一心,共同战胜日寇。陈嘉庚的这番话,深深地打动了在场的每一个人,彰显了他作为海外赤子的忠诚与担当。

在重庆期间,陈嘉庚充分利用各种大小欢迎会、个别交谈以及参观访问等机会,与各界人士深入交流。他表达了对祖国军民的深切慰问之情,同时详细考察了国内实施抗战的状况,不断劝说国共两党要摒弃分歧,团结一心共同抗战,以免辜负了广大华侨的期望与付出。他的言行举止,无不体现了他对祖国的深厚情感和对抗战事业的坚定支持。

不久后,毛泽东发来电报热情邀请陈嘉庚访问延安。陈嘉庚在重庆进行了一个多月的考察,对所见所闻深感失望,更加坚定了必须亲自去延安探个究竟的决心。由于蒋介石的暗中阻挠,陈嘉庚历经千辛万苦,终于于5月31日抵达延安,受到当地各界人士超过五千人的热烈欢迎。在欢迎会上,他首先代表南洋的无数华侨同胞向大家表达敬意,并表示自己早已渴望访问延安,对今天能够实现这一愿望感到无比欣慰。他还特别指出,南洋的广大侨胞们一直竭尽全力支持祖国的抗战事业,仅在1939年一年间,华侨们的汇款就高达11亿元,几乎占据了当年重庆政府军费开支的半壁江山。面对当前日寇侵占我大片国土的严峻形势，以及国内不断出现的摩擦与纷争，海内外同胞们无不殷切期盼国共两党能够坚守合作、坚持抗战到底。

在延安期间，陈嘉庚先生一边进行慰劳考察活动，一边与各界人士广泛交流谈心。他还多次与朱德促膝长谈，深入探讨国共关系问题。朱德在谈话中列举了多项对方违约的事实证据，如严重歧视八路军、擅自停发抗日军政费用及武器弹药等，有理有据，给陈嘉庚留下了极为深刻的印象。

陈嘉庚与毛泽东的会面，堪称一次历史性的会面。两人坦诚相见，畅所欲言，探讨如何团结一致、共御外敌。陈嘉庚深情而坚决地表达了自己的期望：一方面，他坚信必须坚守抗战到底的决心，直至将日寇彻底赶出中国；另一方面，他期望国共两党能够携手合作，将彼此间的摩擦和分歧暂且搁置，待战胜外敌后再行解决。对此，毛泽东深表赞同，他说陈嘉庚的心声正是共产党人的心声，并声明共产党始终主张国共合作，共同抵御外敌。在交谈过程中，毛泽东还对陈嘉庚的爱国情怀表示了高度的赞赏。他强调，海外的同胞们，都是中华民族的骄傲，我们要大力弘扬爱国主义精神，让所有人都能团结起来，共同为救国而努力奋斗。

陈嘉庚在深入探访了重庆与延安之后，对抗战的前途与祖国的命运有了更为清晰的认识。他心中的两个关键疑问，即中国的希望究竟何在，以及国共两党之间的摩擦真相，都在这趟考察中得到了解答。

在结束了西北的考察之后，尽管陈嘉庚面临着被国民党当局视为心腹大患的风险，但他依然不顾个人安危，风尘仆仆地踏上了前往南方各省区的慰劳之旅。他以此行动为抗战疾呼，为民声请命，展现出了坚定的信念和无畏的勇气。他返回新加坡后，将此次回国的所见所闻如实向华侨汇报，激励他们继续发扬爱国主义精神，慷慨解囊支援祖国的抗战事业，不仅为祖国的持久抗战奠定了坚实基础，更为中华民族的伟大复兴注入了强大动力。

（四）以笔为剑，以字为枪，无畏书写对华侨爱国贡献的赞歌

日本帝国主义怀揣着狂妄的野心，继先前侵占我国大片领土之后，于1941年12月再次悍然发动太平洋战争，将侵略的矛头指向了东南亚。面对这一严峻形势，新加坡总督及当地华侨纷纷向陈嘉庚发出请求，希望他能够领导他们进行抗日斗争。陈嘉庚毫不犹豫地接受了这一重任，担任了新加坡华侨抗敌后援会的会长，并领导新加坡的华侨们展开了英勇的抗日斗争。虽时间紧迫，但他们的努力仍取得了显著的成效。

然而，1942年1月，马来亚全境不幸陷落，新加坡也面临着极大的危机。危急时刻，陈嘉庚迅速做出决断，将华侨们义捐的银行存款800多万元全部汇回祖国，以支持国内的抗战事业。2月中旬，新加坡最终沦陷。在友人的再三催促下，陈嘉庚于2月3日凌晨乘小船离开了新加坡，前往爪哇避难。不久之后，爪哇群岛也全部沦陷。在当地华侨及集美、厦大校友的掩护下，陈嘉庚历经数月的颠沛流离，于同年8月改名换姓隐居在玛琅。

日寇对陈嘉庚早已恨之入骨，将他视为"南洋抗日之巨头"，因此出动宪兵队日夜进行搜捕，整个地区都弥漫着紧张的气氛。

在避难爪哇的日子里，陈嘉庚虽然身处困境，但他的心始终牵挂着祖国。海外华侨对祖国抗战的支持无疑是巨大的，陈嘉庚早就想将这段历史如实记录下来，但种种原因使得这一愿望一直未能实现。在避难期间，他有了充裕的时间来完成这一心愿。然而，他面临着重重困难：自己早年辍学，学识有限；既无参考资料可供查阅，又无处寻求帮助；撰写回忆录本身也是一项冒险之举，一旦暴露，后果不堪设想。但陈嘉庚早已将生死置之度外，其他困难自然也不在话下。他巧妙地避开敌人的耳目，1943年3月至1944年6月期间，一字一句地完成了长篇巨著《南侨回忆录》。这部著作不仅记录了他自己的经历，更展现了海外华侨对祖国抗战的巨大贡献。

这位伟大的南侨总会主席，在风雨飘摇的岁月中，坚守着创作的阵地，是因为他深知，作为历史的见证者和亲历者，他有着不可推卸的责任，将这段海外华侨支持祖国抗战的历史，以及他回国考察的所见所闻，真实地记录下来，并公之于众，让后世能够了解并铭记。

当日寇无条件投降，和平的曙光重新照耀大地时，陈嘉庚重返新加坡，对《南侨回忆录》进行了精心的修订和补充。1946年初，这部著作在新加坡首次发行，便引起了广泛的关注。它经过多次再版，在海内外广为流传，引发了强烈的反响。

诺贝尔化学奖获得者、陈嘉庚国际学会会长李远哲，也给予《南侨回忆录》高度评价。他认为《南侨回忆录》是一部不朽之作，它不仅具有研究陈嘉庚这位文化教育伟人生平的历史意义，更有着学习和发扬陈嘉庚精神的现实意义。这部著作将永远激励人们为正义和和平而努力奋斗[①]。

---

① 贺春旎.陈嘉庚：华侨旗帜 民族光辉[M].福州：福建人民出版社，1994.

（五）支持社会主义建设、坚决维护祖国统一

1949年，陈嘉庚应毛泽东之邀，跨越千山万水来到北京，参加新政协会议，开启了他与新中国紧密相连的晚年生涯。翌年，他毅然决定回中国定居，直至1961年安详离世。在这段岁月里，陈嘉庚虽年事已高，却心系国事，积极投身于政治活动中，担任了全国政协常委、副主席，全国人大常委会委员，中央华侨事务委员会和中华全国归国华侨联合会主席等重要职务。他关心国家的每一项建设，每次会议或视察时，都会针对发现的问题和缺点，提出坦诚的建议，从不考虑个人得失，真正做到了"知无不言，言无不尽"。

新中国成立后，国家百废待兴，急需人才助力建设。陈嘉庚深知这一点，他毅然决定扩大集美学校办学规模，亲自领导集美学校和厦门大学的校舍修建工作。他手持手杖，每天亲自巡视各个基建工地，无论是严寒还是酷暑，都坚持不懈，连手杖尾部的铁器都因长时间的磨损而显得破旧。他的住宅，一座古老而简朴的二层小楼房，在抗战时期被炸毁，但他在规划灾区重建和学村建设时，始终将学校和村民的住房放在首位，自己的住所却迟迟未予安排，直到1955年才由人民政府拨款重建。尽管政府给予他的月薪高达500多元，他却极为节俭，规定自己每月的伙食费仅为15元，将节省下来的每一分钱都用于学校的建设。他常常说，人生在世，不能只追求个人的安逸生活，更要为国家、为民族奋斗不息。

实现中华民族伟大复兴，是陈嘉庚先生一生不懈的追求与梦想。晚年的陈嘉庚，心怀家国，特地请人在鳌园刻下了"台湾省全图"，这份深深的挂念与期盼，正是他对国家统一矢志不渝的见证。

四、嘉庚精神的核心阐释

（一）爱国主义精神

"嘉庚精神"一词最早出现在1940年《厦大通讯》。1940年，陈嘉庚率慰劳团归国至长汀，当时迁至福建长汀的厦大师生举行了一系列欢迎活动，《厦大通讯》编发了《欢迎陈嘉庚先生专号》，刊有何励生题为《嘉庚精神》的文章。嘉庚精神诞生于国难当头、民族危机的抗日战争时期，诞生于陈嘉庚领导海外华侨华人支持抗战的当头，所以，嘉庚精神一开始就饱含着爱国意识、民族意识。

陈嘉庚的一生，体现了鲜明的爱国主义精神。辛亥革命时期，他加入同盟会，资

助孙中山先生进行民主革命。抗战爆发后，陈嘉庚坚守民族气节，带领海外侨胞坚定支持祖国抗日。内战爆发后，他团结广大华侨积极拥护和支持中国共产党领导的人民解放战争。中华人民共和国成立后，陈嘉庚毅然回国，坚定走社会主义道路，亲身参加祖国建设，号召华侨团结起来为祖国贡献力量。

成长于内忧外患、民族危亡、国难深重的时期，陈嘉庚目睹了帝国主义列强在中华大地上肆意践踏，产生了强烈的民族意识、忧患意识和危机意识。辛亥革命后，陈嘉庚的视线从一乡一族转向全省全国，把自己的命运同祖国的命运联系在一起，他的思想也从朴素的爱国主义发展为希望祖国走向独立、民主、自由、富强的高层次爱国主义。

陈嘉庚的教育事业深深植根于他对国家和民族命运的深切关怀之中。他诞生于封建清王朝末期，身处半殖民地半封建社会的动荡年代，那时，如何为国家分担忧患、拯救民族成为所有爱国志士共同面临的重大课题。正是基于这样的历史背景，陈嘉庚选择了兴办教育作为自己服务国家和人民的道路。他深刻认识到，教育是国家发展的基石，是拯救国家于危难之中的关键。在民国时期的混乱局势下，当权者往往为权力和地盘的争夺所迷惑，无暇顾及国家的根本——教育。面对这样的现实，陈嘉庚深感责任重大，他坚信"国家兴亡，匹夫有责"，因此毅然决定投身于教育事业，以期通过教育来振兴国家和民族。

陈嘉庚认为，教育是国家强盛的源泉。他坚信，只有通过教育，才能培养出具有现代知识和素养的国民，进而推动国家的繁荣和发展。因此，他将自己的心血和资金倾注于教育事业中，希望通过教育来为国家培养更多的人才，为民族的复兴贡献自己的力量。陈嘉庚兴办教育的初衷完全是为了国家和民族的利益，而非个人的私利。身处中国政治过渡与重建的关键时期，他的爱国主义精神在时代的磨砺下愈发熠熠生辉。

（二）创新与科学精神

习近平总书记多次强调："变革创新是推动人类社会向前发展的根本动力。谁排斥变革，谁拒绝创新，谁就会落后于时代，谁就会被历史淘汰。"

陈嘉庚一生崇尚科学，追求改革创新，他的思想和行动体现了一种开拓进取的精神。在企业经营上，他善于审时度势，未雨绸缪，把握商机，大胆创新，敢为人先。在兴学育才上，他适应时代之需，借鉴中外文明成果，改革旧式教育，联合陈姓私塾创办了集美小学，在闽南首创女子小学、女子中学、女子师范，提倡德智体美全面发展的教育方针。在社会改造上，他崇尚科学，反对愚昧，提倡移风易俗，反对封建陋习，为推动社会文明进步做出了重要贡献。

陈嘉庚所处的岁月，是中国历经帝国主义肆虐、民族危机愈发深重的艰难时期。陈嘉庚长期在南洋从事商业活动，这让他有机会深入洞察国际社会的动态，对西方现代文明有了更为丰富的体验。彼时我国国力薄弱、民众困苦、科学教育滞后，陈嘉庚认为我国与西方发达国家的差距巨大，若不奋起直追，恐难逃脱被淘汰的命运。他对祖国的贫弱深感痛心，并敏锐地认识到，西方国家之所以能在科学技术和文化知识上占据领先地位，关键在于其民众拥有较高的科学文化素养，而这源于他们所接受的教育。陈嘉庚坚信，没有教育与科学的滋养，中国终将难以实现真正的富强。他始终将科学与教育视为国家振兴的基石，他口中的教育并非传统的旧式教育，而是基于科学的现代新型教育。

20世纪初，科学技术正以前所未有的速度迅猛发展，特别是在物理学领域，三大划时代的科学成就应运而生。陈嘉庚敏锐地捕捉到了这一时代的脉搏，他坚定地认为：科学的根基就是时代的根基，如今的世界正是科学繁荣昌盛的世界，而科学的源泉，正是那些专注于学术的大学。

陈嘉庚不仅高度认可科学的地位和作用，更是大力推崇科学精神和科学实验方法，他强调文明的进步离不开科学，而科学的精髓则在于理化和实验。他深信，只有通过加强科学研究和实验，才能开拓新科学的疆界。他特别指出，在学校中建设各种实验室至关重要，尤其是生物实验室，它象征着学校精神的灵魂。他坚持认为，学校的师生都应该通过实验来培养"科学的灵魂"，推动学术的持续发展。否则，"如果重要的科学实验设施长期缺失，不仅学生会失去对科学的深刻体验，就连教师也可能在时间的流逝中忘却了原本的知识。学问是与时俱进的，研究永无止境，进步也没有终点，教师尚且如此，学生又怎能例外呢？"

此外，陈嘉庚先生还高度重视科学的普及教育。他竭尽所能地创建了科学馆、水族馆、渔具馆、船模馆等，为公众提供了丰富的科学体验场所。1956年，他更是在厦门创办了华侨博物院，用生动的图文和实物向人们展示了人类历史与华侨历史，并陈列了大量自然博物标本，让科学的魅力得以广泛传播。

陈嘉庚对科学的尊崇与对教育的重视是一视同仁的，他坚信大学教育是科学与教育完美融合的关键所在。他曾说："在科学的黄金时代，我们的教育方法亦需与时俱进。"①他认为，科学技术作为推动世界变革的引擎，对于国家富强和社会进步具有决定性作用，而要发展科学技术，核心在于培养掌握先进科技的人才，而这样的培养又离不开教育的支撑。

除了强调道德和智育的重要性，陈嘉庚还特别重视体育教育。他深知，一个健康的身体是服务国家和社会的基础，更是展现国家精神风貌的窗口。他曾表示："体育所蕴含的尚武精神，对于一个国家来说，尤为重要。"他还进一步指出："只有身心健康，我们才能更好地为社会服务，为国家承担责任。因此，我们举办运动会，旨在弘扬体育精神，锻炼体魄，摆脱'东亚病夫'的耻辱，并希望通过我们的努力，能够影响更多的人。"②他还认识到，体育教育对于道德的提升同样具有重要意义。他认为，体育不仅是一种锻炼身体的科学，更是塑造健全人格、培养道德精神的重要途径。这种德、智、体全面发展的教育理念，至今仍然闪耀着智慧的光芒，深深地影响着无数师生。

尽管陈嘉庚并非专攻教育理论的学者，但他在教育实践中的卓越贡献却彰显了他对科学教育管理的深刻理解。他坚信，选择优秀的校长、构建高素质的教师团队以及实施严格的教学管理，是教育成功的三大基石。这三者相互融合，共同构成了他独特而科学的教育管理思想。在陈嘉庚看来，校长的选择至关重要。他深知，一个优秀的校长是一所学校的灵魂，是引领学校发展的重要力量。因此，在创办学校的过程中，他始终秉持"慎选校长，专家治校"的原则。无论是哪所学校，他都坚持由学校董事长和福建会馆教育科主任共同研究确定校长人选。他对校长的要求极为严格，强调校长必须具备高尚的品德、坚定的服务国家意志、坚忍的毅力、开阔的胸襟、卓越的用人能力、高度的责任心、扎实的学识、丰富的经验以及强健的体魄。选定校长后，他又给予校长充分的信任和支持，赋予校长行政用人之权，让校长成为学校行政的总指挥。

师资为本，陈嘉庚始终将师资建设置于首位。他深知，一个高水平的师资队伍是学校发展的基石，因此，选拔和培养优秀教师成为他办学的首要任务。为了加强师资队伍建设，陈嘉庚采取了多种措施。他在集美学校增设师范部，致力于培养合格的小学教师。随后，他又创办了女师、简师、幼师、高师和乡师等各类师范学校，以满足不同层次的师资需求。他创办厦门大学的初衷也是培养更多优秀的中等教育师资。

---

① 纸短情长！陈嘉庚书信里的教育家精神 [EB/OL].（2024-09-11）[2024-09-18].https://www.sohu.com/a/807953538_121124350.
② 陈嘉庚谈体育｜百年前，校主陈嘉庚先生在运动会开幕式上的讲话 [EB/OL].（2018-11-10）[2024-09-18].https://www.sohu.com/a/274469506_480187.

通过这些努力，陈嘉庚为学校的师资队伍建设奠定了坚实的基础。

陈嘉庚积极支持毕业生深造，无论是国内升学还是海外留学。早在1917年，在他的水产航海学校初创之际，他就为第一名毕业生冯立民提供了去日本留学的机会，并在其学成后邀请他回到集美执教。他设立了"成美储金"计划，旨在为经济困难但学业优秀的本科毕业生提供资金支持，助力他们进入更高学府或出国深造。这些毕业生中的大多数在毕业后选择回到集美，为母校的发展贡献自己的力量。

陈嘉庚不惜重金，从全国各地聘请了一批优秀的教师和高级人才。在创办集美农林学校时，他特别重视引进留学归来的人员作为师资，同时，其他教师也都是国内一流的专家。集美学校的教师队伍汇聚了来自全国各地的国学大师、经济学家、农学专家、林学专家，以及体育教育家、画家、音乐家等众多领域的专家学者。因此，集美学校以其强大的师资队伍而闻名。

在陈嘉庚先生的倡导下，集美学校形成了尊重与关心教师的良好风气。除了精心挑选校长和构建强大的师资队伍外，陈嘉庚先生还非常注重学校的管理。他不仅亲自关心学校的各项事务，还委派其弟弟陈敬贤负责学校的实际运营工作。他善于根据学校发展的实际情况灵活调整管理策略。从建校到抗日战争爆发，集美学校始终保持着高效的组织架构和强大的领导团队，确保了学校各项工作的顺利进行，为教育事业的发展做出了重要贡献。

（三）忠公诚毅的个人追求

"忠公"——嘉庚精神的体现。陈嘉庚一贯主张既要发展实业，又要发展教育。他认为"实业与教育，大有互相消长之连带关系"，"教育之命脉系之于经济，必须经济充实，教育乃无中辍之虑"。他临终前还嘱咐"学校要继续办下去"。可见，大公无私、倾资办学是嘉庚精神的主要体现。

"诚毅"——嘉庚精神的精髓和动力。1918年，陈嘉庚将"诚毅"作为集美学校的校训，要求学生遵循。"诚"，是以诚待人，是言信行果的为人之道。陈嘉庚以身作则，严于律己，不仅是这种美德的倡导者，而且是其实践的模范。"毅"，是毅以处世，是提倡肯负责任、做事不中断、尝试不成仍继续前进，反对私自放任、苟安偷懒、半途而废或容易满足等，即做事要有善始善终、再接再厉、不怕失败、坚韧不拔的精神。陈嘉庚在经商过程中，重承诺，守信用，他由弱到强，又由盛到衰，历经波折，始终勇于奋斗，体现出了一种刚强果毅、自强不息的精神。他去世前留下遗嘱将所有的存款均用于公益事业，对子女分文不留，这一切充分体现出他"诚毅"精神。

陈嘉庚将"诚"与"毅"作为人生信条，并将其作为集美学校的校训，以此激励师生追求真理、坚持信念。

他曾强调，有道德和毅力的人，是世间最宝贵的财富。同时他也指出，做人的基础是明辨是非，依据事实真相来判断，这是做人的基本条件。在对学生们的训诫中，他明确表示：我培养你们，并非期望你们为我服务，更不希望你们成为国家的负担；我期望你们能秉持"诚毅"的校训，勤奋学习，正直做人，为国家民族贡献力量。

陈嘉庚的一生，从未为个人的私利所牵绊，他始终秉持爱国主义精神，把民族和国家的利益置于至高无上的地位。面对权势的压迫，他毫不畏惧，勇于直言，对腐败的当局进行毫不留情的批评。他诚信又果敢，不为现实的困境所动摇，即使面临重重困难，也从未放弃过对人生目标和价值的追求。

第二节 嘉庚精神的深远影响与现实意义

一、嘉庚精神的深远影响

（一）陈嘉庚相关奖项的设立

1."陈嘉庚奖"

1988年1月，由陈嘉庚的侄儿、原新加坡中华总商会会长陈共存倡导的陈嘉庚基金会在北京成立，同时设立了"陈嘉庚奖"，以奖励有突出贡献的科学家，这也是对陈嘉庚崇尚科学的纪念。该奖因规格高、评审严、影响大而被认为是"中国的诺贝尔奖"。"陈嘉庚奖"的实施情况如下：第一届于1988年1月在北京举行，共颁四项奖。第二届于1990年1月在北京举行，共颁三项奖。第三届于1990年11月在厦门大学举行，共颁三项奖。第四届于1991年11月在上海举行，共颁三项奖。第五届于1994年6月举行，共颁六项奖。第六届于1996年6月举行，共颁八项奖。第七届于1998年在新加坡隆重举行，共颁八项奖。第八届于2000年6月举行，共颁八项奖，有八位获得者。"陈嘉庚奖"是"陈嘉庚科学奖"的前身。

2."陈嘉庚科学奖"和"陈嘉庚青年科学奖"

2003年2月，中国科学院和中国银行共同出资组成的新的陈嘉庚科学奖基金会正式成立，所颁奖项正式命名为"陈嘉庚科学奖"。为了激励更多青年科技人才在国内做出原创性成果，2010年，基金会又设立了"陈嘉庚青年科学奖"。

"陈嘉庚科学奖"和"陈嘉庚青年科学奖"每两年评选一次，同步推荐评审和颁奖。逢公历单数年推荐和评审，评审工作基于中国科学院学部平台；逢公历双数年在全体院士大会上颁奖。两个奖均设立六个奖项：数理科学奖、化学科学奖、生命科学奖、地球科学奖、信息技术科学奖和技术科学奖。每个奖项每次评选一项，获奖人数一般为一人，最多不超过三人。"陈嘉庚科学奖"获奖者除有奖金外，同时被授予金质奖章和证书。

（二）"陈嘉庚星"的命名

1990年3月31日，国际小行星中心和小行星命名委员会在国际《小行星通报》刊物上发布公告,为表彰和纪念陈嘉庚情系中华、赤诚报国的爱国精神,倾资办学、奉献社会的牺牲精神,奋斗不止、开拓创新的改革精神,将中国紫金山天文台于1964年11月9日发现的编号为第2963号的小行星正式命名为"陈嘉庚星"。

小行星是太阳系中的一种特殊天体,大多集中在火星和木星的轨道之间绕太阳运行。获得国际小行星中心永久编号的小行星被确认和公布后具有历史性和永久性,即使千百年后,这星名仍为国际所公认,从而使陈嘉庚的名字和嘉庚精神连同"陈嘉庚星"永载史册。

(三)陈嘉庚国际学会的成立与陈嘉庚楼的落成

1. 陈嘉庚国际学会

1992年8月20日,陈嘉庚国际学会在香港成立,1996年转移到新加坡注册。陈嘉庚国际学会由诺贝尔奖获得者杨振宁、丁肇中、李远哲与美国的加州大学伯克利分校校长田长霖、香港大学校长王赓武5人发起,由林绍良、李尚大、潘国驹、庄重文、徐四民、陈永裕、黄丹季、黄奕聪、李文正、李成枫、林子勤、庄启程、唐裕、施金城等34人共同倡议。

陈嘉庚国际学会的宗旨是"弘扬陈嘉庚精神,凝聚各界精英,服务社会,造福人群"。它的成立,体现了陈嘉庚强大的感召力和凝聚力。学会定期出版会刊,还参与发起在美国加州大学伯克利分校建设"陈嘉庚楼"(Tan Kah Kee Hall)的活动。学会于1995年与厦门市政府联合创办集美大学工商管理学院。

2. 陈嘉庚楼

位于美国加州大学伯克利分校的陈嘉庚楼于1993年4月28日奠基,于1997年4月12日落成。这是美国高校历史上第一幢以华人名字命名的教学科研大楼,也是该校化学院中最重要的建筑物,而该化学院又是美国最优秀的学院,其化工科研成果卓著。陈嘉庚楼的经费由各地华侨、华人、校友捐献。陈嘉庚国际学会秘书长潘国驹说:"陈嘉庚大楼的建成,不仅把陈嘉庚先生的名字和事迹,作为中华民族的典范介绍到西方,同时也把陈嘉庚精神带到大洋的彼岸,在异邦的土地上扎根传播,生生不息。"

(四)影视作品的传播效应

20世纪90年代以来,陈嘉庚的形象多次走上银屏,走进中央电视台和省市电视台,走进广大观众的心中。

1995年,中央新闻纪录电影制片厂和中共厦门市委、市政府联合摄制的大型文献纪录片《陈嘉庚》封镜，该片是广电部审定的重点影片。影片真实、生动地记述了陈嘉庚光辉的一生。

2001年8月12日，由中国侨联、中共福建省委宣传部和福建电视台联合拍摄的大型电视文献纪录片《民族之光——陈嘉庚先生归来的岁月》首映。该片生动地展示了陈嘉庚从1950年5月正式归国定居到1961年8月逝世的11年间，热情参与新中国建设的感人事迹。

2004年，为纪念陈嘉庚130周年诞辰，中国侨联、厦门市委、厦门电视台联合摄制纪录片《陈嘉庚》。摄制组行程数万里，寻访了祖国大江南北和东南亚国家的100多位研究陈嘉庚的专家学者和熟悉、了解陈嘉庚的普通民众，拍摄素材将近6000分钟，最后制作出6集纪录片。该片分别以"大海之子""兴学报国""大厦之基""华侨领袖""国家至上""情系故里"六部分来阐述陈嘉庚爱国爱乡、倾资兴学的传奇人生，被誉为"近年来表现陈嘉庚先生最优秀的影视作品之一"。该片在中央电视台播出后反响热烈，2007年入选"中国文献纪录片二十年优秀作品"。

2007年5月5日和6日，中央电视台第10频道品牌栏目《百家讲坛》播出了《我心目中的陈嘉庚（上、下集）》，由厦门大学教授易中天与华侨博物院名誉院长陈毅明共同讲述，向全中国、全世界再现嘉庚风采，传播嘉庚精神。厦门市、集美区随即分别举行"弘扬嘉庚精神"座谈会，希望有更多的人和渠道来研究、宣传和弘扬嘉庚精神，更好地为厦门发展与国家建设服务。

2013年10月20日，为纪念陈嘉庚创办集美学校100周年，由厦门广电集团摄制的电视专题片《百年学村中国梦》在央视和厦视多个频道播出。专题片采用现代3D建模技术，再现了集美学村的历史风貌；片长45分钟，首次将陈嘉庚珍贵历史影像与历史场景的模拟再现全方位交融在一起。该片摄制组在厦门、北京、香港等地取景，采访了众多有关人员，让观众充分感受陈嘉庚爱国爱乡的赤子情怀和倾资兴学的远见卓识。

（五）庆典活动、学术研究影响深远

1980年11月，集美航海专科学校隆重举行建校60周年庆祝活动，推动了后续一系列纪念陈嘉庚先生活动的开展。1983年10月，"纪念陈嘉庚先生创办集美学校70周年"活动在集美隆重举行。此后，集美学校委员会和航海、财经、水产、轻工等校每隔5年或10年都进行纪念活动，缅怀校主，弘扬嘉庚精神，凝聚各界力量，促进学校发展。

1984年10月21日，纪念陈嘉庚先生110周年诞辰大会隆重举行，同时举行陈嘉庚学术讨论会。30多年来，陈嘉庚学术研究成果颇丰，发表了大量的研究论文，出版了一系列著作。其中《陈嘉庚年谱》、《陈嘉庚传》、《教育事业家陈嘉庚》、《回忆陈嘉庚》（1984年版）、《陈嘉庚教育文集》、《陈嘉庚精神文献选编》等著作为学习、研究和弘扬嘉庚精神提供了必要的资料；《陈嘉庚研究》和《集美校友》杂志也发挥了重要作用。

2007年8月，由中国高等教育学会主办的"陈嘉庚教育思想研讨会"在集美大学举行，教育部时任副部长周远清到会致开幕词，高度肯定陈嘉庚教育思想的丰富内涵和现实意义。

2008年，新加坡国家图书馆举行为期长达五个月的展览，名称为"承前启后 继往开来：陈嘉庚与李光前"。主题为"承前启后，继往开来"，实际上是向这两位先贤致敬，纪念他们为新加坡的繁荣进步，特别是教育事业所做出的巨大贡献，其意义十分特殊且重大。

2013年10月，厦门市隆重举行陈嘉庚先生创办集美学校100周年纪念活动，重要活动包括纪念大会、百年教育成果展、全球集美校友大联欢、陈嘉庚研究国际学术研讨会等，掀起了学习和弘扬嘉庚精神的新高潮。

2021年4月，厦门大学庆祝建校100周年文艺晚会顺利举行。厦门大学百年发展历程的主基调是以爱国主义为内核的"嘉庚精神"，建设"爱国、革命、自强、科学"的优良校风，践行"爱校荣校、改革创新、团结合作、包容共享"的价值理念。嘉庚精神影响厦门大学100年，塑造厦大师生100年，成就了厦门大学的辉煌历史。

嘉庚精神的影响力，像一双温暖的大手在背后推动着我们前进，能催生我们的激情与信心，激发全国人民、华人华侨的民族自豪感，为共圆中国梦贡献一份力量。

二、嘉庚精神的现实意义

当前，中共中央提出要大力弘扬以爱国主义为核心的民族精神和以改革创新为核心的时代精神，而嘉庚精神正是这两者的集中体现。嘉庚精神是中国人民宝贵的精神财富，是中华民族精神的时代体现；它是培育和践行社会主义核心价值观的宝贵资源，还是福建精神的完美体现和最亮丽的典型。陈嘉庚的许多主张和立身处世的态度对当前开展党的群众路线教育实践活动具有借鉴价值与教育意义。

（一）嘉庚精神是中华民族精神的时代体现

民族精神是一个民族深厚历史沉淀的结晶，是历代文明智慧的集大成者。中华民族的民族精神在历史的长河中展现出多样化的形态，它不仅体现了民族精神的基本特质，也映照了时代的特色，将民族精神的传统与时代精神的多样性完美融合，能展现出中华民族精神的深厚历史底蕴和丰富多彩的历史画卷。

以爱国主义为核心的团结统一、爱好和平、勤劳勇敢、自强不息的伟大民族精神，是中华民族发展壮大的强大精神支柱，是中华民族巨大的精神财富。嘉庚精神继承和弘扬了中华民族的优秀道德传统，是中华民族精神财富的一部分，其内涵丰富多元，不仅根植于中华民族精神的基本要素，还蕴含了重要的时代特征。

1. 爱国主义

热爱祖国的精神推动中国历史的发展。陈嘉庚忧国忧民，热爱祖国，拥护中国共产党，为祖国和民族事业奉献了一生。他早期把爱国与反对清王朝、加入同盟会、拥护孙中山、支援辛亥革命等活动相结合，恪守"天下兴亡，匹夫有责"的古训，以拯救国家为己任，希望通过兴教育、办实业、发扬民族文化来振兴中华民族。

抗日战争时期，陈嘉庚领导南洋华侨支援祖国抗战。解放战争时期，陈嘉庚敢于痛批蒋介石国民党政府的腐败与祸国罪行。正是陈嘉庚在发扬民族传统、维护民族利益、伸张民族正气、坚持民族气节诸方面有突出的贡献，使他不愧为"民族光辉"。

陈嘉庚回到祖国定居后，与共产党肝胆相照，积极参政议政，为家乡福建的建设和祖国的富强献计献策。他寄望于宝岛台湾的早日回归，关心海峡两岸关系的发展，维护祖国领土的完整，充分显现了他爱国主义精神的至高境界，爱国主义是嘉庚精神的核心所在。

2. 团结统一、爱好和平

中华民族是维护团结、爱好和平的民族。陈嘉庚作为华侨旗帜，充分地展示出团结统一和爱好和平的精神特征。

全面抗战开始后，陈嘉庚在新加坡组织了南侨总会并任主席。为了反对殖民主义者对广大侨胞的歧视与压榨，维护华侨同胞的尊严和利益，陈嘉庚敢于斗争，且努力推动侨胞的团结一致，汇聚最大的力量支持抗战事业，他是"华侨史上第一个勇敢地站出来捍卫华侨利益的领袖人物"。陈嘉庚在海外从事种种爱国活动时也会注意引导华侨遵守当地法律,与当地人民搞好团结。

1940年,陈嘉庚率团回国,在重庆期间多次设法劝说国共两党要团结抗战,不要分裂,体现了他重视民族团结统一,深切希望国共能团结抗战的精神。

1946年11月,陈嘉庚创办了《南侨日报》,在三年多时间里,他亲自撰写了《再论中国内战前途》《中国内战何日告终》《国共决无和平可言》等许多时评短论,为加速人民解放战争的胜利做出了贡献。

除了为国内团结作贡献,陈嘉庚在海外也重视与华侨华人的团结,团结各行各业的同胞支持国家发展,为华侨争取权益。即使回国定居了,他仍努力维护华侨的正当权益。

陈嘉庚较长时期生活于战时、乱世,他痛恨战争而热爱和平。在集美鳌园,"诸葛亮马前课"雕廊里有"贤不遗野,天下一家,无名无德,光耀中华"的内容,蕴含了陈嘉庚憧憬世界永久和平与大同的思想。

3. 自强不息

自强不息的奋斗精神是中华民族生生不息的力量源泉,陈嘉庚继承这种精神并赋予新的内容。他努力经营,代父还债,并通过实业支持国内外的教育实业发展,留下了"宁使企业收盘,决不停办学校"和"变卖大厦维持厦大"的传世佳话。厦门大学校训"自强不息,止于至善"和集美学校校训"诚毅",正是嘉庚先生自强不息精神不断鼓励两校广大师生员工自强自立、尽善尽美的体现。

陈嘉庚对民族自强独立有深深的渴求,因此他不畏国民党的威逼利诱,置生死于不顾,站在斗争前列,为民族的强大争取机会。他强调人要自强不断超越自己,要竞争,"为人模范而不模范于人"等。

4. 勤劳勇敢

勤劳勇敢是中华民族的立身之本和传家之宝,是中华民族的传统美德。要成就伟大的事业,离不开这些美德,能严于律己的人才能真正办实事、成大事、为国家和人民作贡献。

陈嘉庚一生对勤俭极重视、实践最彻底。他年少时就懂勤劳好学,勇于吃苦耐劳,"守职勤俭,未尝妄费一文钱";他在抗战中回祖国考察,躬身前线又踏进后方,风雨兼程。他平生奉行"自奉节俭,一心为公""多为社会想,少为儿孙计"等用钱原则。

他毕生艰苦朴素、厉行节约，反对铺张浪费，自己做表率，且严格要求他人。他警示陈嘉庚公司的员工："懒惰是立身之贼，勤奋是建业之基""嬉游足以败身，勤劳方能进德"等。他牢记"成由勤俭破由奢"的古训，甚至到晚年关于自己的丧事也交代要办得简单。

总而言之，嘉庚精神与井冈山精神、长征精神、延安精神、西柏坡精神、雷锋精神、铁人精神、焦裕禄精神、"两弹一星"精神、抗击"非典"精神、载人航天精神，抗震救灾精神、北京"奥运"精神等众所周知的精神一样，是伟大的中华民族精神的传承，是中华民族精神在中国近现代的发扬，为中华民族精神增添了富有时代精神的新内涵，是中华民族宝贵的精神财富。①

（二）嘉庚精神与社会主义核心价值观

社会主义核心价值观是马克思主义与社会主义现代化建设相结合的产物，与中国特色社会主义发展要求相契合，与中华优秀传统文化和人类文明优秀成果相承接，是我们党凝聚全党全社会价值共识做出的重要论断。培育和践行社会主义核心价值观，对于推进中国特色社会主义伟大事业、实现中华民族伟大复兴的中国梦，具有重要的战略意义。

嘉庚精神是培育和践行社会主义核心价值观的宝贵资源。

社会主义核心价值观倡导富强、民主、文明、和谐，这体现了社会主义核心价值观在发展目标上的规定，是立足国家层面而提出的要求；倡导自由、平等、公正、法治，这体现了社会主义核心价值观在价值导向上的规定，是立足社会层面提出的要求；倡导爱国、敬业、诚信、友善，这体现了社会主义核心价值观在道德准则上的规定，是立足公民个人层面提出的要求。这三个层次的理念兼顾了国家、社会、个人三者的价值愿望和追求。

总的来说，陈嘉庚毕生与时俱进，追求正义和进步，参政议政，从善如流；他忠于祖国和人民，热爱社会主义，心系统一，居安思危；他叶落归根，建设家乡，献计献策，老而弥坚；他崇尚科学，倾资兴学，急公忘私，奉献社会；他克勤克俭，清廉朴素，艰苦创业，革故鼎新；他诚以为人，毅以处事，自强不息，敢拼会赢；他爱好和平，疾恶如仇，思尽天职，遵纪守法。嘉庚精神联系了国家、社会、个人三个层次的元素，与社会主义核心价值观的"三个倡导"的基本要求是相一致的，嘉庚精神与社

---

① 吴曦，陈璇.嘉庚精神立校诚毅品格树人[N].厦门日报，2023-10-21（A09）.

会主义核心价值观在内涵上是相契合的。

社会主义核心价值观的第三个倡导是立足公民个人层面提出的要求，而在陈嘉庚一生奋斗中体现出来的爱国、敬业、诚信、友善之崇高品格和特质，就为世人所称道和敬仰。陈嘉庚热爱祖国，不管祖国处于积贫积弱内部纷争不止，还是外敌入侵面临亡国的状态，陈嘉庚都凭着自己一分一毫的努力帮助国家纾难，作为国民的一分子为国家复兴尽力。在敬业方面，陈嘉庚有勤勉和一丝不苟的工作态度，有积极进取、不畏失败的意志，有亲力亲为、身体力行的风范，有忧公忘私、忘我工作的奉献精神等，成为敬业者的模范。在诚信方面，陈嘉庚早年"替父还债"的故事为当时及后人所传颂；他一生诚实守信，言而有信、行而必果，一生对"诚信"充满自信，以诚信为立身处世准则，成为诚信的榜样。在友善方面，陈嘉庚作为华侨旗帜，对国共两党要求团结抗战、不要分裂；他对海外华侨华人倡导团结协作、友好相处。

因此，陈嘉庚是我们当下培育和践行社会主义核心价值观的光辉榜样，嘉庚精神是培育和践行社会主义核心价值观的宝贵资源。

（三）嘉庚精神与党的群众路线教育

2013年6月18日，党的群众路线教育实践活动工作会议在北京召开，习近平总书记在会议上强调，要把这次教育实践活动的主要任务聚焦到作风建设上，集中解决形式主义、官僚主义、享乐主义和奢靡之风这"四风"问题。

陈嘉庚一生艰难困苦、玉汝于成，讲究实事求是，反对做无用功，不摆花架子。他对形式主义、官僚主义、享乐主义和奢靡之风深恶痛绝。

1. 反对浪费和奢靡之风

抗日战争爆发后，陈嘉庚身先表率，号召组织海外侨胞捐款捐物，组织华侨机工回国参战，他任主席的南侨总会经手的钱财物资数以10亿计，每一笔账都清清楚楚，为了保证侨胞捐赠的每一文钱都用在支援祖国抗战的刀刃上，他要求赴新加坡开会研究募捐工作的东南亚各地华侨代表膳宿一律自理，不得从义款报支。

1940年初，陈嘉庚组织慰劳团回国慰劳，临行前他再三告诫慰问团成员此次是到祖国工作，而非应酬游历，务希勤慎俭约，善保人格。他抵达重庆后多次公开申明并在各报登载启事谢绝宴请："以现在抗战艰苦期间，此来系有工作，而非游历应酬，愿彼此极力节省无谓的宴席。""本慰劳团一切费用已充分带来，不欲消耗政府或民众招待之费，且在此抗战中艰难困苦时期，尤当极力节约无谓应酬，免致多延日子阻碍工作，希望政府及社会原谅。"

当陈嘉庚听说国民政府准备花八万元招待他和慰劳团，"闻后至为不安"，随即向接待单位借两处空屋，作为慰劳团住所，被褥自带自办伙食，每天 140 元，总花费国币仅 6100 多元。他在一次演讲中指出，他厌恶奢华接待，一是国难当头，更应践行节约俭朴、反对浪费；二是防止各地官员利用宴请虚报开支，向政府冒领或向各界百姓摊派敲诈，以杜绝贪污，制止"一个客人由九个主人作陪"的大吃大喝铺张浪费腐败作风。

新中国成立之后，政府给陈嘉庚确定行政三级工资待遇，每月工资加上地区补贴是 500 多元，但他交代炊事员每天伙食标准五角钱，不得超标，剩下的钱都存入集美校委会会计处，添为办学费用。他不抽烟、不喝酒，吃的是粗茶淡饭。

2. 反对享乐主义

陈嘉庚一贯反对贪图享受、坐享其成。1949 年 4 月，在新加坡的一次会上，他做了"明是非、辨真伪"的演讲，在谈到修复集美校舍时说："余住宅被日寇焚炸，仅存颓垣残壁而已。集美校舍被炮击轰炸，损失惨重……第念校舍未复，若先建住宅，难免违背先忧后乐之训耳。"一直到 1955 年，在集美学校校舍全部修葺后，他才着手修复自己的住宅。

新中国成立之初，陈嘉庚时常奔走于集美、厦门之间。当时高集海堤未建，往返需搭小船过海，既不方便、又不安全。周恩来总理得悉后极为不安，拟专门配汽艇给他，陈嘉庚连连推却，他说国家治疗战争创伤，处处要用钱，他不能特殊化……

3. 反对形式主义和官僚主义

陈嘉庚讲究实干与效率，反对空洞无物的形式主义。1957 年 7 月，陈嘉庚在全国人大一届四次会议上，做了题为"从治标治本两方面克服官僚主义"的长篇发言[①]，指出：

"官僚主义系中国数千年的积习，病国蠹民莫不由此。人民政府成立后，早经宣示要予革除……因此官僚主义作风，旧者难改，新者又来，随时随地皆有发现。这种积重难返之势，非徒用口舌宣传所能奏效，要认真革除，应从治标治本两方面办法入手。"[②]

"治标办法，除宣传告诫外，各省应设查访机关，犯此风者即应免职，送往特设训

---

① 林德时. 嘉庚精神简明读本 [M]. 厦门：厦门大学出版社，2014.
② 朱立文. 陈嘉庚言论新集 [M]. 厦门：厦门大学出版社，2013：40-41.

练所或学校学习改造。"①

"学校之中尤以师范学校为主要。师范学校为人民教师所自出,一个良好教师可以影响千百个学生,转移社会风气的潜力完全在此……

要打破官僚主义作风,必先树立劳动观点。课外劳动必须有教师领导,才有计划性,才能经常化。"②

陈嘉庚是党外人士,但他的许多主张和立身处世的态度,却为我们贯彻落实党中央八项规定、端正党的作风、推行节俭养德提供了一面镜子。

---

① 朱立文.陈嘉庚言论新集[M].厦门:厦门大学出版社,2013:41.
② 朱立文.陈嘉庚言论新集[M].厦门:厦门大学出版社,2013:44.

第三章 陈嘉庚的闽商智慧

第一节 陈嘉庚闽商智慧之艰苦创业、创新冒险

一、陈嘉庚白手起家的艰苦创业历程

（一）下南洋当米店学徒

1890年，17岁的陈嘉庚告别故乡，从厦门太古码头登上"美丰号"轮船，远渡重洋到新加坡，在他父亲的米店当学徒，开始了其职业生涯。

陈嘉庚的父亲陈杞柏在1860年到新加坡谋生，刚开始也在米店当学徒，后来自己创业，在吊桥头开设了一家米店，取名为"顺安号"。陈嘉庚到顺安米店工作的时候，顺安米店已经颇具规模，每月的销售额超过2万元，每年的净利润有5000~6000元。

顺安号是一家典型的家族企业，陈嘉庚的父亲陈杞柏是企业股东，拥有企业所有权，陈缨和担任经理，负责日常经营和财务工作。

陈嘉庚在顺安米店从学徒开始做起，他一边跟着族叔陈缨和学习经营，熟悉采购、销售、簿记、借贷等各项业务，一边担任记账员，帮助族叔管理银钱货账，成为族叔的得力帮手。

（二）独当一面担任米店经理

1892年，在顺安米店当了两年学徒之后，由于陈缨和回国探亲，19岁的陈嘉庚接理了顺安米店，当上了米店经理和财务负责人，在商号经营中开始独当一面，这是他职业生涯中的第一个重要转折点。

我们可以从陈嘉庚经营和管理顺安米店的例子看出他是一位出色的经理人才：

第一，陈嘉庚开拓了顺安米店的外地市场，每年可以多创造五六千元的利润，且把客户应收账期成功缩减到了四十余天，比以前减少了一二十天，缓解了资金压力。

第二，由于陈嘉庚的勤俭干练和卓越才能，其经营方式和重要决定从来不曾遭受他父亲的不满和反对。

第三，正是因为陈嘉庚妥善经营顺安米店，他父亲才能安心拓展其他事业，从而取得成功。1892年，陈杞柏在柔佛买地种植黄梨，创办日新

号黄梨罐头厂。1893—1895 年间，陈杞柏投资的地皮物业和硕莪厂都有获利，加上米店每年的利润，陈杞柏的净资产有 10 余万元。此后商号增加了金胜美、庆成白灰店两个店铺，到 1900 年左右，陈杞柏的事业均有进步，以屋地业为最，当时房租每月可收 3000 余元，各项产业的净资产总和超过了 40 万元。

1900 年陈嘉庚回国安葬母亲，刚好碰到 1901 年 5 月厦门发生了一场严重火灾。火灾烧毁了上千间房屋店铺，倒塌后的瓦砾砖土堆积如山。政府组织百姓清理废墟，把砖土挑移到提督、打铁两码头的海滩，填海造地，不到一个月时间就填平了两三千平方米的实地。政府想出售这些填海出来的土地，陈嘉庚听说如果买 1 万元的土地，可以在上面建造数十间房屋铺，认为有利可图，就写信禀告父亲建议购买。得到父亲同意之后，陈嘉庚买下了一块土地并开始建造房屋，包括土地和建筑费用总耗资仅 4.5 万元，前后花了 2 年多时间，就盖了三层楼屋 54 座、二层楼屋 3 座，共计 57 座骑楼式店铺房屋。陈嘉庚精明的商业眼光开始展露。

（三）父亲商号倒闭

1903 年 7 月初，30 岁的陈嘉庚为母亲守孝 3 年之后回到新加坡，准备继续管理顺安米店。但这一次回到新加坡后，他发现父亲的事业陷入困境，顺安米店门庭景象"大形衰退，各事凌乱不堪，似无人管顾"。他到住宅拜见父亲，虽然久别重逢，但父亲脸色阴沉、闷闷不乐，"亦无欣容快意"。回到米店，看管米店的族叔陈缨和"身染麻木之疾，神气丧失"，无精打采，向他问起米店的经营和负债情况，均推不知。

陈嘉庚感觉很不对劲，吃惊之余冷静下来，立马查核账目，才发现米店流动资金借款数目高达 32 万元，比三年前他回国时增加了 23 万元左右。陈嘉庚大吃一惊，又查阅了一下房地产业的抵押贷款，发现没有变化，仍有 30 万元左右。

陈嘉庚认真检查来往账目之后，发现顺安号三年的支出数目高达 37 万多元。其中，银行利息支出有 9 万多元，被黄梨厂、庆成白灰店、金胜美店等其他商号挪用侵占的款项高达 18 万元，其他支出还包括在厦门买地建房、家庭开支以及新加坡住宅建设开支等等。此外，彼时顺安米店的资金非常紧张，市面上还欠有约 7 万元的应付账款。

为什么父亲的商号三年内会有如此大的开支？陈嘉庚经过询问盘查，发现了问题所在：第一，地产大跌价，造成房租等损失惨重，收入下降；第二，由于资金周转不灵，不惜抵押屋地业，向印度高利贷商人借贷，从而背负重息，开支增多；第三，其父小妾苏氏及养子在黄梨厂收款、金胜美和庆成白灰店经营、住宅建造、家庭开支等方面大量舞弊，侵吞、挪用和挥霍了10余万元商号之款；第四，其父和族叔身体欠佳、年迈多病，没有充沛的精力照管生意，对苏氏母子的胡作非为更是听之任之，缺乏有效监督，发现问题也没有及时制止。

经过全盘认真计算，陈嘉庚发现其父商号在1903年已经负债76万元，而房屋土地和各商号资产价值只有50万元，已经资不抵债，亏空26万元。

陈嘉庚不忍对父亲放手不管，他说，"然转念不能脱离家君而他去，况在此艰危之际，逐月再被苏氏母子支取数千或万元，则无须三四个月绝不能维持"。因此，他征得父亲同意后，迎难而上，果断地承担起米店经理的职责，并做了如下安排：约定苏氏每个月只允许支取200元；把金胜美、庆成、振安等几个店在数月内尽快转让收盘，回笼资金；把位于柔佛的黄梨厂转让收回1万多元；把另一个位于新加坡市区最早创建的黄梨罐头厂日新号的大部分股份转让，招募了一个潮州商人合伙，对方出7000元，陈嘉庚出资5000元，合伙成立新的日新公司，由对方负责经营；顺安米店由于还有未还清的欠款，不便马上停业，故暂时照常经营，但加强风险控制。此时，幸好出售了一块空地，扣除抵押款后剩余5万元，刚好还清黄梨厂拖欠的白铁、糖、木枋等原料供应商的款项。

到1903年冬天，顺安米店情况好转，陈嘉庚一面收缩经营规模，一面催收欠款，并且逐渐归还所欠采购米款。到年底，已经把所欠的采购款全部还清，而被人拖欠的款项还有1万多元。陈嘉庚判断欠款过年后可逐渐收回，于是果断将顺安米店停业。至此，陈嘉庚父亲陈杞柏的商号全部收盘，留下了两笔债务：第一笔是屋地业抵押贷款30万元，第二笔是流动借款31万多元。屋地业价格虽然下降，但仍值40多万元，所以这项没有损失，还有10万元左右的资产，而流动借款已形成坏账。资产和负债对抵之后，其父资不抵债约欠下20万元。

对于父亲在新加坡创业三四十年后，竟走到债台高筑、破产清盘的局面，陈嘉庚非常感慨，并下定决心替父还债。

（四）创业起步：旗开得胜，替父还债

1904年春，31岁的陈嘉庚在其父的商号历练了14年之后，背负起了其父"留给"他的20万元债务。但陈嘉庚并没有因此而灰心丧气、一蹶不振，他在绝境中奋起，凑了7000元在距离新加坡市区不远的洪水港山地上，创建了一个黄梨罐头厂，开始独立创业。

他把黄梨厂的商号定为"新利川",取其"新的利润源泉"之祥意,希望这个黄梨厂能创造出新的财富源泉。工厂非常简陋,厂房是用茅草、木料等简易材料盖的,购置的是便宜的二手机器,工厂只花了两个月就建造完成,因为要赶在夏季黄梨产季时投产。创业之初,因缺乏流动资金,陈嘉庚就想尽办法向制造罐头所需的白铁、糖、木枋等原料供应商赊账采购,他从供应商那里得到了30~60天的账期。罐头制成后,出售给负责出口的洋商行即可获得货款,这个时间差足够陈嘉庚把采购原料的欠款付清。

这年4月,由其父创办但已经转让大部分股权并由对方经营的日新黄梨厂合伙人去世,陈嘉庚只好买下了对方17000元的股份,日新黄梨厂成为由陈嘉庚独资经营、亲自管理的商号。这样,陈嘉庚开始经营两家黄梨厂。

由于经营有方,1904年夏的黄梨产季(4—6月),新利川黄梨厂获利9000多元、日新黄梨厂得净利近3万元,短短3个月两厂获利近4万元。创业起步就开始盈利赚钱可以说是旗开得胜,陈嘉庚自己也承认"初出茅庐极好机会"。彼时,又收到一笔顺安米店的尾款和存货处理1万多元,再加上日新公司原有股本1万多元,陈嘉庚当时手头共有资本近7万元。

1904年夏,陈嘉庚在黄梨罐头项目上初试锋芒之后,凭借着手头积累的资金,又投资了两个重要的项目。一个是在顺安米店的原址投资2万元重新创建了一家米店,取名"谦益号"。另一个项目跟黄梨罐头有关:一方面,扩大新利川黄梨厂规模,为此扩建厂房、增添新设备,准备在冬季黄梨产季派上用场;另一方面,花2500元买下一块空地,命名为"福山园",用于种植黄梨。至此,陈嘉庚的黄梨业不仅有黄梨罐头和黄梨果酱加工,而且涉足黄梨种植,确保了黄梨厂的原料供应。

到1904年底,日新和新利川两个黄梨厂在冬季得净利2万多元,夏天投资的谦益米店当年也得利8000多元。陈嘉庚创业第一年,共计获利6万多元。

1905年夏天的黄梨产季,日新和新利川两个厂又赚了3万多元。陈嘉庚趁热打铁,决定再次扩大黄梨业生产规模,1905年秋季开办了名为"日春"的黄梨厂。此外,他还在日春黄梨厂内兼制冰糖,采月以锯木屑为燃料的蒸汽锅炉和内铜外铁的锅,把从印尼爪哇采购的砂糖煮成冰糖,然后把冰糖销往香港和上海。这一年冬天的黄梨产季,日新、新利川、日春3个黄梨厂获利1万多元。加上夏季两个厂的3万多元的获利,黄梨厂全年获利4万多元,谦益米店得利8000多元。扣除合作伙伴的红利之后,陈嘉庚创业第二年获利 4.5 万元。

陈嘉庚在 1904 年和 1905 年，创业头两年就累计获利 10.5 万元，创业起步就旗开得胜，除了运气好之外，还遇上外部市场环境所创造的有利条件，即当时欧洲市场对黄梨罐头的强劲需求。

1906 年，黄梨罐头价格走软，到了夏天每箱降至 1 元左右，福山园虽然开始产黄梨，但是"适逢败市亦不见利"。结果，这个夏季 3 个黄梨厂仅获利 1 万元。

从 1904 年春到 1906 年夏，陈嘉庚创业经营两年半，虽然共计赚了 11.5 万元，但各项投资支出不小，如谦益米店投资了 2.5 万元，3 间黄梨厂的日常维持费用花了 4 万多元，清理福山园和种植黄梨花了 1.5 万元。扣除各项投资和维持费用之后，陈嘉庚实际上仅剩余 3 万多元现金，此时手头的钱还不足以为父亲还清债务。

不过，陈嘉庚在这一年抓住了一个机会，成为他日后缔造其工商业王国的重要起点。1906 年 6 月，陈嘉庚听说马六甲华商陈齐贤听从林文庆博士的劝告和鼓励，先后投资 20 余万元，从 1896 年开始在新马一带种植橡胶树 4000 多亩，1906 年他把树胶园以 200 万元卖给欧洲商行马六甲胶园有限公司，从而获得巨利。听到这个信息后，陈嘉庚灵敏的商业嗅觉让他留心起此事。他打听到陈齐贤有树胶种子出售，于是几经周折获知陈齐贤的地址，千方百计上门找到陈齐贤，虚心请教和咨询关于橡胶种植和橡胶籽的情况，最后用 1800 元购买了 18 万粒橡胶树种子，平均每粒树种 1 分钱。随后，他雇用工人花了 2 个月的时间，把树胶种子撒播在原有种植黄梨的福山园，跟黄梨树每隔 5 米挖洞套种。陈嘉庚 1906 年在福山园播种树胶种子，这是他经营树胶业的开端，意义重大，是他日后成为闻名遐迩的"橡胶大王"的开端。

这年初冬，陈嘉庚还做了一个投资决策。谦益米店附近的恒美号米店因为股东之间不和要散伙，米店经理准备另招募股东。这是家制作熟白米的工厂，熟白米的制作跟谦益米店生产的生白米不同，先要将稻谷在水里浸泡两天后，再加热气蒸熟，在砖庭晒干后用研磨机磨净壳糠。这种熟米销往印度，价格比生米每担贵 1 元。陈嘉庚认为"算来甚有好利"，于是招募一个朋友一起入股，跟原经理合作，总投资 6.5 万元，陈嘉庚出资 4 万元占大头，他朋友和米厂原经理各出资 1.25 万元。由于晒米的砖庭场地不够，产量受限，当时熟米价格又上涨，扩大产量有利可图，于是他们又在米厂不远的地方买了一块地，共投资 4 万元，现金交付 1 万元，剩下的 3 万元通过抵押贷款解决。仅三四个月，这块地就基本完成了砖庭铺设，恒美米厂的产量由此大大提高。这是陈嘉庚非常有商业眼光的投资决定，恒美米店一度生意兴隆，"宛如一架性能卓越之印钞机"，成为陈嘉庚一个重要的获利源泉。

1907年秋天，陈嘉庚看到恒美熟米厂获利滚滚而来，感觉替父还债的时机已到，于是跟顺安米店的债主商议还债之事。陈嘉庚提出所有抵押物给债主，不足的部分用现金折还。由于有的债主回印度等各种原因，谈判拖延到1907年冬季才达成协议：总计约不足20万元的债务，同意以折合9万元还清。其中，交现金还款6万元，剩下的3万元分4个月分期还清，利息按一分计算。双方达成的协议在律师处立约，并登报存案。

陈嘉庚在创业初期虽然资金非常困难，但即便付利息，也咬牙分期还清欠款解决了父亲的债务，终于搬掉了压在心头的一块巨石。

（五）在市场风雨中企业蒸蒸日上

1908年春，恒美熟米厂租约到期后，其业主不愿意续租，要以16万元出售，嘉庚和合伙人不得已只好把它买下来继续经营。由于资金不足，他们把米厂抵押获贷款12万元，利息七厘半，然后再付现金4万元。没想到，2个月后熟米价格大跌，每担获利从六七角下降到一角余，此时合伙的经理打退堂鼓，提出退股，抽去本金和利润共4万余元。这样一来，恒美米厂的资金更紧张。幸好不久之后，熟米价格即回暖，每担可以获利三四角，熟米厂最终全年获利6万余元。

这一年，黄梨罐头价格仍然低迷，陈嘉庚的黄梨厂全年仅获利1万余元，而谦益米店和福山园虽然获利不多，但比较稳定，分别获利8000余元和6000余元。

1909年春，陈嘉庚又投入2.5万元，收购了福山园旁边一块500英亩的旧黄梨园，这时地价已经涨到了每英亩50元。这些旧黄梨园原来也套种树胶，但园主嫌弃无利可图，"故不耕草，廉价出售"。陈嘉庚将其买下来之后，组织工人清除黄梨和杂草，专门栽种树胶，这样福山园的树胶种植扩大到了1000英亩。

这一年，陈嘉庚遭遇了两件不幸的事。其一，他父亲陈杞柏不幸在集美去世，陈嘉庚因为经营事务缠身，不能回国奔丧，就安排妻子和儿子回国，丧事由胞弟陈敬贤料理。其二，恒美米厂遭火灾，机器设备和货物都被烧毁，幸好机器有保险4万元，仅造成货物损失数千元。恒美米厂为陈嘉庚赚了不少钱，为了尽快恢复生产，陈嘉庚急忙筹集了6万元重建工厂，购买和安装新机器，并扩大规模，直到当年年底才竣工。

1909年，陈嘉庚的企业收入不是很理想：恒美熟米厂因火灾无利，黄梨厂全年仅得利1万多元，谦益米店得利7000多元，福山园获利6000多元。

1910年，陈嘉庚在树胶种植项目上又做出重要的经营决策。陈嘉庚与陈齐贤签署了一个合约，以实收32万元的价格将福山园预售给陈齐贤，约定到年底为止，任陈齐贤经手转售，多卖出的金额归陈齐贤所得，如果届期不能出售，则合约取消。

合约签署后，树胶价格继续上升，不到两个月，陈齐贤就把福山园以35万元卖给英国人。福山园出售之后，陈嘉庚"立即向柔佛觅地两处，复开芭种植黄梨和树胶"，一块取名"祥山园"，准备栽种树胶和树茨；另一块依旧取名为"福山园"，准备栽种树胶和黄梨。这两块地每月按开垦种植150英亩计算，需要垫资5000余元。这一年，恒美公司得利4万元，黄梨厂得利1万元，谦益米店得利8000元，扣除合伙人红利之后，陈嘉庚实际获利4万元。

1911年，陈嘉庚把生意扩展到了泰国。这年春，陈嘉庚到泰国曼谷考察，准备在曼谷河边租建仓库，为恒美公司直接采购稻谷运送到新加坡。不料曼谷的米仓很多，仓库很难租。这时陈嘉庚听友人说北柳港黄梨很多，就坐了几个小时火车去考察，果然此地出产很多黄梨。陈嘉庚大致估算了一下，如果能采购三分之一，每年可以制作黄梨罐头四五万箱。彼时新加坡因为黄梨罐头市场不好，黄梨出产减少，导致生梨价格上升，而泰国还没有人生产黄梨罐头。而且，北柳地区盛产中下等稻谷，非常适合采购制作米。陈嘉庚认为可以在北柳港设厂制造黄梨罐头，同时还能采购稻谷运送新加坡。于是，他马上买地设厂，从新加坡和泰国购买配置各种机器，赶在夏季生梨出产前竣工投产。同时，建设运输稻谷的码头和仓库。工厂和仓库动工修建一个多月就完成了，陈嘉庚将黄梨厂命名为"谦泰号"。该厂修建完成后，陈嘉庚才回到新加坡。

1911年，黄梨罐头的市场行情最差，新加坡20多家黄梨厂亏本倒闭了约一半。陈嘉庚趁这个机会，投资入股了两三家黄梨厂，在这些企业里面占大约2/3的股份。这一年，恒美得利2万余元，黄梨厂得利2万元，谦益米店得利8000元，扣除合伙人红利之后，陈嘉庚个人得利3万元。

1912年，陈嘉庚尝试把产业扩展到国内。彼时国内爆发了辛亥革命，推翻了清朝统治，建立了中华民国。陈嘉庚备受鼓舞，极想尽国民之责，在国内兴办实业和教育。于是，他花了7000余元，从新加坡购买了制造生蚝罐头的机器、火炉等设备，运到国内集美。他还花重金通过朋友从日本聘请了一位做生蚝罐头的师傅，"月薪国币两百元"，约好1912年冬天到集美。陈嘉庚安排好这些事情之后，于1912年秋回到了集美，开始紧锣密鼓地筹备制蚝厂，年底就开工试生产，没想到效果很不理想，最终只能承认"完全失败"。陈嘉庚停止生蚝罐头项目后，把工厂的机器设备作价8000元，与朋友在厦门成立了大同股份有限公司食品罐头厂，占1/5的股份。陈嘉庚在国内创办生蚝罐头厂的努力虽然失败了，但通过合伙创建厦门大同罐头食品公司，生意版图也开始扩展到了国内。

1913年秋，已过不惑之年的陈嘉庚第五次出洋回到新加坡，继续经营他已经开创10年的黄梨、米业、树胶种植等产业。这一年，他主要的经营决策为：首先，关闭了泰国北柳的谦泰黄梨厂，然后在曼谷租了一个米厂经营白米，同时为恒美公司采购稻谷。其次，在新加坡收购了两家处于困境的黄梨厂，至此，在新加坡黄梨罐头市场上，陈嘉庚公司的产品占据了一半的市场份额，年产可达七八十万箱。陈嘉庚在创业10年后，成为新加坡的"黄梨大王"。

陈嘉庚从1904年春创办新利川黄梨厂开始，走上独立创业的道路，到1914年爆发第一次世界大战之前的10年时间，他顺利创业起步，创业项目涉足黄梨罐头和果酱加工制造、大米（生米和熟米）销售加工、黄梨种植、树胶种植、冰糖生产等行业，各项生意在市场风雨中蒸蒸日上，取得了令人瞩目的发展。

（六）战争带来的危机

黄梨罐头和米业是陈嘉庚生意版图中的两个重要业务，它们都需要和平的国际贸易环境和顺畅便利的航运基础，因为黄梨罐头的主要市场在欧洲，熟米的主要市场在印度，而且生产白米的货源稻谷主要来自泰国和越南。因此，1914年8月，欧洲爆发第一次世界大战后，国际市场和航运交通被严重破坏，航运受阻，对陈嘉庚的黄梨罐头和米业产生了严重的冲击，黄梨厂和米厂库存剧增，回款减少，经营资金非常紧张。

到了1915年，随着战事的扩大，船运持续紧张，运输困难，各船运公司都不愿意运输稻谷和熟白米。面对运输困局，陈嘉庚并没有坐以待毙，而是"逼上梁山"决定自己租船运输货物。陈嘉庚租赁了两艘船：一艘"万达号"，载重2500吨，租约1年；一艘"万通号"载重1300吨，租约2年。这两艘船经营数月后，不仅解决了陈嘉庚的运米难题，而且还能利用空余时间和仓位承运其他货物，获得不菲收入。

后来，陈嘉庚看准机会，再从香港租赁了两艘商船，每艘载重量2000吨，租约1年。这样，1915年陈嘉庚一共租了4艘船。陈嘉庚之所以敢如此大胆冒险租船经营，是因为获得了为英国政府承运木料到波斯湾的合同，到波斯湾往返一次需要一个月，虽然获利不多，但船期比较灵活，2个月内可以自行安排。在灵活时间内，如果别的运输路线获利较多，就尽量去寻找获利较多的船运航线；如果其他线路无利可图或两个月期限到了，就给英国政府承运木料到波斯湾交货，风险较小。

这一年，陈嘉庚被逼无奈偶然进入远洋航运业，结果获利不小，仅租船项目就获利20余万元。黄梨厂几乎没有生产，但因原先定购了大量制作罐头的白铁片，而战争导致铁片原料稀缺、价格猛涨，黄梨厂转卖白铁片获利20多万元；恒美公司得利4万余元；谦益米店得利1万余元。汇总以后，陈嘉庚当年获利45万元。

到了1916年，因为从香港租来的两艘船，以及租期1年的万达号均到期被讨回，只剩下万通号租期未到。陈嘉庚发现船运利润丰厚，但因为租金提高了，就决定不再租赁船只，而是干脆出资30万元买下一艘载重3000吨的轮船，取名为"东丰号"。

这一年，陈嘉庚的商业版图有进有收，开始进行战略性布局：一方面收缩米业和黄梨罐头生产，另一方面开始涉足树胶加工业。这为他走上商业巅峰铺平了道路。当年的船运获利非常丰厚，全年得利30余万元；树胶厂得利5万元；谦益米店得利12万元；黄梨厂转卖白铁片得利20余万元。这一年陈嘉庚共收入50多万元。

1917年春，曾经作为"印钞机"的恒美公司熟米业"完全不可经营"，陈嘉庚花费20多万元，把恒美米厂改建为树胶厂，商号取名为"谦益"。谦益树胶厂的业务是把湿胶片过绞加工为胶布，生产出来的胶布大部分直接卖给美国商人。

同年秋，陈嘉庚又出资42万元购进一艘载重3750吨的轮船，取名"谦泰号"。冬，陈嘉庚把所买的东丰号和谦泰号两艘船都租给法国政府，法国政府利用陈嘉庚的船运送物资到地中海区域，每月租金12万元，扣除各种费用和维修费，可以剩五六万元，合同期规定至战事结束后再加6个月。总之，1917年，陈嘉庚在航运业继续收获满满，当年航运得利50余万元。另有黄梨厂因为卖白铁皮得利30余万元，经恒美公司改建的谦益树胶厂得利15万元，谦益米店得利1万余元。扣除合伙人红利之后，1917年陈嘉庚个人得利90余万元。

1918年是第一次世界大战的最后一年，也是陈嘉庚商业转型、为最终腾飞打下基础的关键一年。这年春，东丰号轮船在地中海被德国军队击沉，秋间谦泰号也在地中海被击沉，幸好两艘船事先都投了保险，东丰号保险赔款50万元，谦泰号保险赔款70万元，两艘船共获保险公司理赔120万元，比原购价还高。此后，陈嘉庚用轮船的保险款在柔佛高踏丁宜路买了1000英亩橡胶园和2000英亩空山地，价格40万元。他还花了 32 万元在新加坡马珍律港边上买了一片空地。

一战以后，黄梨罐头销量减少，获利不多。1918 年底，陈嘉庚果断把黄梨厂全部转让出售。陈嘉庚从 1904 年开办新利川黄梨厂和接手日新黄梨厂开始创业，经历了 14 年的黄梨罐头市场兴衰起伏之后，于 1918 年退出了黄梨罐头市场。陈嘉庚在商业项目布局上有退有进、运筹帷幄。他保留了谦益米店，并且重心放在树胶产业上发力布局。此时谦益树胶厂资本已达 200 多万元，且直接与美国和欧洲的贸易商交易，平均每年可获利五六十万元。此外，陈嘉庚还参股裕源公司、振成丰公司、槟城树胶公司，这三个公司均生产树胶，陈嘉庚占了三分之一多的股份，资本 5 万多元，三个公司每年也可以分利 10 万余元。另外，福山园栽种树胶已经七八年，树胶种植面积有 2000 多英亩，"再过两三年便有利可收"。1918 年，陈嘉庚各商号获利颇丰：谦益树胶厂得利 80 余万元，两艘船扣除本金外得利 60 万元，黄梨厂得利 10 万余元，谦益米店得利 1 万余元。扣除合作伙伴红利之后，陈嘉庚共计得利 140 余万元。

总之，在第一次世界大战期间，陈嘉庚化危为机，抓住了欧洲战争带来的商机，成长为一位崭露头角的华侨实业家。而且，陈嘉庚商业版图的重心逐渐转移到橡胶业上来，橡胶业短短 3 年得利超过 100 万元。

当时，包括陈嘉庚拥有的两间胶厂在内，分布在新加坡、马六甲的华商胶厂共有 72 间之多，经营橡胶进出口贸易的华商也有四五十家。但陈嘉庚的树胶业独树一帜，实现了差异化经营：他不仅设厂生产胶片，还大规模买地种植树胶，胶片出售不通过洋行中间代理商，而是直接与欧美商家交易。陈嘉庚牢牢地抓住树胶加工业的两头：一头是为树胶加工厂提供原料的树胶种植园，另一头是直接购买胶片的欧美客户商家。

（七）陈敬贤接手公司

1918 年底，陈嘉庚在商业上经过艰苦创业和奋斗取得很大成功后，萌生了回国全职兴办学校从事公益教育的想法。他在离开新加坡回国之前，对自己未来的志向及已经建立的商业板块做了清晰的规划和安排。首先，他把各个营业机构改组成陈嘉庚公司，他自己是大股东，并让弟弟陈敬贤加入成为股东，然后写信让陈敬贤回新加坡接手管理公司。其次，陈嘉庚倾资办学的决心已经非常确定，他完全沉醉于把所赚的钱用于发展集美学校和创办厦门大学的憧憬之中。回国前夕，他特意聘请律师按英国政府条例办理财产转移手续，将在南洋的所有不动产全部捐作集美学校永久基金。

1919 年 4 月，陈敬贤回到新加坡，兄弟俩交接业务之后，陈嘉庚于 5 月启程回到集美。陈嘉庚回国办学期间，陈敬贤统揽公司的一切管理事务，他全力以赴、一心一意地搞好公司业务。不过，他与身居集美的兄长频繁地书信函件往来磋商事务，共谋对策，有关新增业务和投资事宜等重要事项，最终还是由身为大股东的陈嘉庚定夺。

这一年秋，经过陈嘉庚复函同意，陈敬贤以较低的价格，投资20余万元购买土地。陈敬贤接手的第一年，谦益树胶厂获利90多万元，谦益米店得利6万元，扣除分红后，陈嘉庚公司1919年获利90余万元。

1920年，陈嘉庚一边在集美忙着建校办学，一边仍然通过信函联系掌控着新加坡的生意。这一年的主要经营活动包括：

第一，新加坡房地产行情不错，陈敬贤和友人合伙所买的土地正加紧开发，建成后预计房地产出售价格不错，但是建筑原料成本也上升不少。

第二，陈嘉庚写信告诉陈敬贤，把土桥头树胶厂改为树胶熟品制造厂，生产胶鞋底、马车轮胎等橡胶制品。此举意义重大，意味着陈嘉庚全力以赴开拓的树胶业从种植到加工，又延伸到树胶成品制造，全产业链格局基本形成。

第三，听说在三条巷粟庭隔壁有一家"远利火锯厂"要拍卖，陈嘉庚告知陈敬贤用25万元买下来，可以兼营黄梨厂。这是陈嘉庚企业第一次涉足木材加工业。

第四，陈嘉庚因各种原因退出了参股的三家树胶公司，造成了30万元的损失。

总之，1920年由于树胶价格下降，陈嘉庚参股的公司损失惨重，但由于陈氏兄弟齐心协力、兢兢业业，当年陈嘉庚公司的谦益树胶厂仍然获利90余万元，谦益米店得利2万余元，扣除合作伙伴红利之后，公司全年得利90余万元。

1921年，经济形势不好，陈嘉庚公司的树胶厂仍得利约100万元，而米店、火锯厂、黄梨厂仅获利4万余元，扣除合作伙伴红利之后，公司全年得利约100万元。

（八）公司登峰造极

1922年春，陈敬贤在新加坡为公司殚精竭虑、积劳成疾，患上了肺痨病和胃病，被迫停止工作，需要回国治疗调养。陈嘉庚只好放弃长期居住国内兴办教育的计划，不得不再下南洋回到新加坡，继续亲自掌管公司各项业务。陈嘉庚原计划是几个月内安排好各项事务之后，再回中国一心办教育，但是到新加坡后，他发现树胶业竞争异常激烈，已有好几家竞争者同样直接跟美国胶商交易，所以陈嘉庚公司面临因竞争导致利润日趋下降的问题。陈嘉庚因此改变了回国计划，他认为"厦集二校，均在扩充，所需经费多赖此途之利源，故不得不转变方针"。

因为胶市行情不好，马来亚各个地方的小规模胶厂大部分都亏损，很多企业处于停业或半停业状态，都急着转让出售。陈嘉庚考察之后，低价收购了9个树胶工厂，包括工厂的机器、仓库等，并对这些工厂进行改造。

至此，陈嘉庚公司共有11个树胶厂。此外，陈嘉庚还注资10万元扩建土桥头树胶熟品制造厂，添置新式机器，大量生产帆布胶鞋、鞋底、马车与手推车用胶胎、胶管等产品，并把这些产品销往世界各地。

总之，1922年陈嘉庚重回新加坡后，为了筹足经费，保障集美学校和厦门大学的办学经费，加速了树胶领域的业务扩展，重点布局树胶加工和树胶制品生产，以期获得更多利润来支持国内办学。1922年各个树胶厂得利100多万元，而米店、熟品制造厂、火锯厂、黄梨厂得利10万余元，扣除合作伙伴红利之后，陈嘉庚公司全年得利约110万元。

1923年，陈嘉庚的生意又适度扩张，熟品制造厂的员工已增至千余名，产品除汽车轮胎外，还有各类轮胎、胶帽、胶制玩具、胶球等。为了推广产品，陈嘉庚注册了"钟"牌商标，为胶鞋设计推出了"捷足先登"的广告。考虑到每年所用商标、广告等印刷品数额巨大，陈嘉庚又自办了一家印刷所。1923年，他还创办了华文报纸《南洋商报》，开始涉足媒体业，同时便于为自己的产品做广告。当年树胶厂的竞争开始激烈，树胶厂得利下降至90多万元，而熟品制造厂、米店、火锯厂、黄梨厂等其他得利增加到30万余元，扣除合作伙伴红利之后，陈嘉庚公司全年得利增加到约120万元。

1924年，陈嘉庚认为公司的生胶加工厂规模已扩充到最大限度，树胶园也新旧相抵，不需要再投资垫本，唯有树胶熟品制造业尚有发展余地。因而，从1920年把土桥头树胶厂改建为树胶熟品制造厂，尝试生产树胶终端产品四五年之后，陈嘉庚在1924年不惜投下巨资，大举进入树胶熟品制造业，扩大规模，生产各种车轮胎、日用品、医疗用具、胶靴鞋等等。生产出大量树胶制品后，陈嘉庚发现销路是一个问题，于是在马来亚、荷属印尼各个港口城市开设了十几处销售点，把产品直接卖给用户。1924年，树胶厂得利约150万元，其他产业得利30万余元，扣除合作伙伴红利之后，陈嘉庚公司全年得利170余万元。

1925年，从企业获利的角度看，陈嘉庚的工商业达到了巅峰。这一年，英国政府限制树胶出产，而荷属印尼没有限产，但产量不大，英国政府在新加坡的限产导致树胶价格猛涨，树胶价格由年初的每担30余元上涨到50余元，到年底竟达200元。秋初的时候，陈嘉庚把三合园卖给了英国人，实收100万元。同时大量投资收购树胶园，一共买了五六个树胶园。至此，陈嘉庚所拥有的胶园面积增至1.5万英亩，他成为南洋华侨大胶园主之一。

除了大规模种植树胶，陈嘉庚公司还大举进入树胶熟品制造行业。为了销售各种各样的橡胶制品，陈嘉庚在上海、香港、厦门、广州等国内十几个城市设立了分销商店。因为树胶价格上涨，再加上陈嘉庚公司原料采购充足，生产充分而"乏人竞争"，所以，这一年树胶厂有"多利""厚利"。最终，谦益等各个树胶厂得利400余万元，出售三合园得利100万元，树胶熟品制造厂得利150万元，米店、火锯厂、黄梨厂等其他得利20万余元，扣除合作伙伴红利之后，陈嘉庚公司1925年得利790万元左右。这是陈嘉庚创业生涯中，企业史无前例获利最多的一年，也是他一生中商业登峰造极、资产最巨之时。

根据陈嘉庚的估计，1925年他拥有的资产包括：树胶园15000亩，每亩400元，价值600万元；谦益各个树胶厂的机器、工仓库值100万元，流动资金400万元；树胶制造厂的机器、工厂值150万元，流动资金有150万元；所买的空地、仓库估值50万元；火锯厂、米店、黄梨厂等估值50万元。这些资产加起来有1500余万元，扣除欠银行的贷款近300万元，陈嘉庚公司实有资产1200余万元。

处于商业巅峰的陈嘉庚公司彼时拥有1家橡胶熟品制造厂、12间橡胶加工工厂、1.5万英亩橡胶种植园、2家黄梨厂，还拥有米店、饼干厂、火锯厂、肥皂厂、制药厂、制革厂、皮鞋厂、制砖厂、铸铁厂、印刷厂，并创办了一份在商业圈子中颇为抢手的报纸——《南洋商报》。他所组建的销售网络直营分行有80多家，分布在新马地区、印尼、缅甸、暹罗（泰国）、安南（越南）、菲律宾、中国等国家和地区分布在欧洲、亚洲、非洲、大洋洲、美洲等区域的代理商有100多家；这些销售网点覆盖了东南亚各个主要商埠和中国国内40多个城市，以及英国、法国、德国、美国等全球40多个国家和地区。

这时，陈嘉庚公司所雇用的职员达到3万多人，仅土桥头树胶熟品制造厂在企业规模顶峰时期就有6200多名工人和200多名职员，雇员中不仅包括大量的华侨工人，还包括来自英国、德国、意大利等国家的技师。彼时的陈嘉庚已跻身"千万富豪"俱乐部，其影响力之大，被英国当局和社会各界公认为东南亚最卓著的大实业家。

（九）胶市行情暴跌导致企业亏损

1926年，陈嘉庚继续扩大树胶熟品的制造和销售规模，于是他又投资数十万元在南洋一带和中国开设了十余处树胶制品销售分行，但这一年树胶价格跌了将近一半，再加上同行之间竞争激烈，"各厂不但乏利，尚当亏损"。

最终，1926年陈嘉庚的树胶厂收益从前一年的获利400余万跌至亏损30多万元，其他各业均无利，而利息支出40余万元，厦大、集美办学支出90余万元，办造纸厂机器损失20万元。因此，陈嘉庚公司当年不仅没有收益，反而亏损和支出高达180余万元。这是陈嘉庚自1904年创业以来，企业第一次出现年度亏损。

1927年，胶业仍面临困境：一方面胶市继续疲软，仍无好转迹象；另一方面，不少人从陈嘉庚公司的谦益树胶厂和马来亚各个树胶厂离职，独立门户创办树胶公司，导致竞争更加激烈。但陈嘉庚对树胶熟品制造厂抱有希望，他想扩大橡胶制品的销售规模，因此在1927年又增设了十几处销售分行。因为行情和竞争影响，1927年陈嘉庚公司的谦益树胶厂、树胶熟品制造厂、胶园均无利；饼干厂、火锯厂、黄梨厂、米店得利数万元只够义捐和家庭开支，所剩无几。而这一年，厦大、集美的办学开支70余万，利息支付40余万元，共计亏损和支出120万元。

因为胶业已成为陈嘉庚公司的主要产业和重要利润来源，胶园、生胶和其他各业形势不好，而支付厦门大学、集美两校的日常经费和利息每月要10多万元，陈嘉庚在1927年颇感心力交瘁。

1928年春，陈嘉庚为了解决资金困难，又卖了6000英亩树胶，每亩400元，收入240万元。但1928年5月国内发生"济南惨案"，南洋华侨发起强烈的抵制日货运动，陈嘉庚当选为筹款救济侨民大会主席。《南洋商报》也宣传抵制日货，揭露奸商走私。因为报道揭发了一家商店用船运送日货，该商家暗中雇人纵火焚烧陈嘉庚的树胶熟品制造厂，造成陈嘉庚货物、机器的损失达近百万元，保险赔偿一部分后仍然损失50余万元。

这一年，陈嘉庚公司的收益情况仍非常严峻：谦益等各树胶厂仍然无利；树胶品制造厂虽然采取措施，将各种物品降价销售，但也无利可图，况且遭火灾损失50余万元；其他饼干厂、火锯厂、黄梨厂、米店得利几万元，只够义捐和家庭开支。在此艰难之际，陈嘉庚不忍放弃办学事业，仍坚持给厦大和集美学校提供60余万元，利息支付40余万元，加上火灾损失50余万元，当年共计亏损和支出160余万元。

总之，因为胶市行情下滑，形势惨淡，再加上胶业竞争异常激烈，1926年到1928年陈嘉庚公司共计亏损约460万元。为了负担利息支出和办学经费，他被迫出售了1.1万英亩橡胶园。陈嘉庚的净资产从1925年底时的1200万元，到1928年底已经缩水一半，"仅存资产实额五六百万元"。短短3年，资产损失惨重。

（十）经济大萧条使陈嘉庚公司雪上加霜

1929年10月29日，美国纽约股市暴跌。这场发生在华尔街的股灾迅速波及世界各地，最终演变为一场冲击严重的全球经济危机，导致陈嘉庚树胶制造厂在全世界80余处的销售分行，以及工厂内库存的生品和熟品跌价超过100万元。总之，陈嘉庚公司的产品和原料大量积压，价格猛跌，再加上日货涌入形成激烈的竞争，公司营业一蹶不振，遭受了空前打击。

因银行利息及厦大和集美学校办学经费等各项开支和其他亏损，1931年陈嘉庚公司的银行借款已经达到了400余万元，公司已资不抵债，无力偿还利息。于是，各银行组成一个代表团，商议把陈嘉庚公司改为股份有限公司，条件是利息可以酌情减少一部分，但是厦集两校的经费也要裁减大半，每月仅限汇出办校经费5000元，陈嘉庚被迫接受银行的条件。

1931年8月，陈嘉庚股份有限公司成立，接受陈嘉庚企业全部资产和负债。公司实收资本约150万元，共分为15010股，陈嘉庚持有14501股，陈敬贤持有501股，8家债权银行持有8股。公司同时向债权银行发出300多万元的债券，作为公司负债的部分担保。陈嘉庚虽然在公司占有股份最多，但按照股份公司章程规定，在公司完全偿还债务之前他在股东大会上没有投票权，从而在股份公司中失去了控制权。

（十一）公司收盘歇业

1932年，全世界经济危机仍然严重，资产价格猛烈下降，很多抵押的资产都纷纷爆仓，经济一片萧条。

陈嘉庚股份有限公司的新董事决策层曾就促进树胶品的生产与销售做了一些努力。例如，它成立了一个咨询委员会，定期与来自总部、熟品厂、肥皂厂、饼干厂和星洲七个分行的代表聚会磋商。但是，在经济大萧条和日本树胶产品大肆倾销的狂风暴雨中，陈嘉庚股份公司的经营困境仍无法挽回。到1932年12月，公司不仅没有收入，还报亏157万元。当年，按照跟银团的约定，厦大和集美学校的办学经费缩减到全年仅开支6万元。因为改组为股份公司以后利息虽然减少了10余万元，但是当年仍没有能力还清利息。

1933年春，新加坡和槟城两个树胶厂，因为缺乏流动资本，租给了由李光前创办的南益公司。到了夏天，树胶行业"似有否极泰来之象"，在马来亚的八九家小树胶厂似乎呈现了转机。然而在6月份的时候，股份公司董事会考虑到1932年下半年各个树胶厂都无利或亏损，决定把树胶厂都出租给别的公司，同时决定把分布在国内、新加坡和印尼等地的熟品制造厂销售分行收摊关门。陈嘉庚不同意这个决定，"力劝以分店要收必大损失，至多收回两三成而已。又胶厂已转机有利，不可造次出租，彼均不肯"。由于陈嘉庚已经无法全权控制公司，按照董事会的决定，陈嘉庚把尚存的巴双厂租给南益公司，由对方垫资经营，利息扣除后所得利润按分成捐给厦大和集美学校作为经费。此外，把麻坡厂租给由集美族亲陈六使创办的益和公司，约定利息扣除后，利润全部用于补充厦大和集美的经费。怡保、太平等工厂，则招各个经理人合租，陈嘉庚自己作为经理人也参加，同样约定如果有利，抽三成作为校费。峇株厂租给宗兴公司，条约也是如此。总之，陈嘉庚在生意衰落、公司清盘之际，尽力谋划做了一系列安排，为厦门大学和集美学校筹集经费。

1933年5月，英国政府为了应对多年来的经济萧条，在加拿大渥太华召开英属各地代表会议，共同讨论关税壁垒问题。英国政府决定从1933年7月1日起提高进口英国的产品关税，如树胶靴子的关税以前每双两角半，现在增加至每双2元；胶布鞋的关税每双7分，增加到7角半。但是，新加坡出口英国不受关税壁垒的限制，这给陈嘉庚公司带来了扩大在英国销售产品的机会。

然而，1933年8月，突然从英国伦敦来了一个被陈嘉庚形容为"魔商"的采购商大客户，拿着汇丰银行的介绍函，为新加坡汇丰银行做工作。他要求独家代理销售陈嘉庚公司所生产的所有靴鞋，而且说服银行团中的各位董事同意授予其独家代理销售权。陈嘉庚极力反对，但是其他董事执意要求陈嘉庚接受。

1933年秋天，伦敦"魔商"独揽陈嘉庚公司产品经销权后，陈嘉庚与其他董事之间的矛盾分歧越来越深，陈嘉庚心灰意冷。银行的各位董事看到陈嘉庚无意经营，就在1934年2月13日召开股东非常大会，决议将公司自动收盘，"全厂停闭，由银行公举收盘员，全权核结收罢矣"。

二、陈嘉庚创业经商中的创新冒险事迹

(一) 创新精神

陈嘉庚在经商创业中常常表现出敢想敢干、敢为人先的创新精神，他在任何环境下都有积极应对挑战的意愿和动力，他不跟随别人行事，常常寻求标新立异，想法和点子特别多。

黄梨厂是陈嘉庚自主创业的第一个项目，当时"新加坡并柔佛共有二十几个厂，竞争激烈多乏利，全年获利一万余元者仅数厂耳"，按照今天的商业术语来说，陈嘉庚创业进入黄梨罐头和果酱生产时，黄梨业已经是一片"红海"。但是，他的日新和新利川两个黄梨厂在创业第一年就获利近 6 万元。

为什么他的黄梨厂能"独占大利"？产品创新和运营创新是其中重要的原因之一。当时的黄梨罐头按照黄梨切块形状和口味有数十个品种，绝大部分是式样比较简单的条、块、四方、圆形等普通庄头的罐头，在新加坡每年生产一百七八十万箱，占了市场的八九成，而切块形状独特的杂庄罐头仅出产一二十万箱。陈嘉庚发现，杂庄罐头的数量虽然少，但每箱比普通庄可以多获两三角至七八角之利。获利虽高，但绝大部分黄梨厂都不愿意生产杂庄罐头，要么嫌弃需求量偏少且零散，要么不知道怎么核算杂庄生产的成本，要么担心杂庄生产不符合要求而导致日后发生赔偿。但是，陈嘉庚并不这样认为，他通过开发和生产形状新颖独特的各色杂庄罐头，大胆地选择了差异化经营的道路，从而在创业之初就开辟了一片"蓝海"。

为了确保差异化经营取得成功，陈嘉庚在罐头厂运营方面也展开了大胆而有效的创新。因为杂庄罐头的市场需求比较细分和精准，陈嘉庚并没有像其他罐头厂一样坐等洋行打电话下订单，而是每天都跟副手分头主动到各洋行探寻信息，准确了解市场行情，获得精准的客户订单。

此外，由于杂庄罐头的品质要求较高，陈嘉庚特别重视采购和生产环节的精细化管理，他每天都在工厂一线亲自检查和监督各个环节。在采购环节，当时的普遍做法是简单按个数来采购生黄梨，有的时候每 100 个生黄梨卖两三元，也有卖一元的，而陈嘉庚却根据黄梨的大小、成熟度和好坏程度，识别挑选出好的黄梨进行采购。在生产环节，他认为工人剖梨的手艺、技巧以及损失情况，会直接影响工厂的获利，所以特别重视对剖梨工人的管理。在财务核算环节，别的黄梨厂都是季度末生产停工的时候核算该季度总的成本和收益，陈嘉庚则是将当日采购的黄梨在第二天就做成罐头，

然后计算出成本和收益，实现了逐日核算。通过逐日核算，可以评估黄梨的采购成本和加工损失成本，从而准确把握黄梨厂的每日盈亏状况。

陈嘉庚的创新精神不仅来源于他敢试敢闯、标新立异、出奇制胜的作风，还来源于他超强的观察、学习和模仿能力。1911年，陈嘉庚到泰国考察的时候，经朋友介绍参观了一家由侨商创办的商号为"鸣成"的米厂，他发现这个米厂设计了一种可以活动的屋顶，在下雨的时候可以遮盖晒米的砖庭，而且在砖庭旁边安装了轻便铁路，用来运送大米和遮雨棚，非常方便。当时陈嘉庚在新加坡的恒美熟米厂，大米的运送都靠人力挑运，下雨的时候因为没有遮雨棚，只好把还未晒干的湿米堆积在一起，用竹席子盖起来遮雨，天晴了再散开暴晒。这样操作，一方面需要耗费很多人力；另一方面如果下雨时间长了，闷在湿席里面的熟米会烂臭，造成不少损失。鸣成米厂的设计给了陈嘉庚很大启发，他回到新加坡之后，很快对恒美熟米厂进行了改造，安装了轻便铁路和活动屋盖。虽然耗去了近万元的建设费用，但陈嘉庚通过大胆模仿改造，大大提高了恒美熟米厂的效率，显著降低了运营成本。

陈嘉庚在橡胶产业更是投入重金，先行先试，勇于探索和变革创新。他是东南亚最早看到橡胶树的经济价值并有魄力大面积种植的先行者之一，也是较早涉足生胶加工和橡胶成品制造的先驱。陈嘉庚笃信技术创业，他在树胶加工和成品制造领域广纳贤才，聘请了来自英国、意大利等国家的高级工程技术人员，攻克技术难题，推动研发。因为重视研发创新，陈嘉庚公司获得了英国当局颁发的很多发明专利。杨进发博士根据英国政府行政会议记录等资料，整理了1924—1932年土桥头熟品厂所获得的各项发明专利，包括轮胎胶底、胶带木展、防水性胶制饼干盛器等。[①] 这些专利使陈嘉庚公司在竞争激烈的市场中获得一席之地，也成为近代民族品牌与西方世界开展商业竞争的重要成果。

（二）冒险精神

在物理学中，利用一根杠杆和一个支点，就能用很小的力量抬起很重的物体。这种现象发生在企业经营里，叫作财务杠杆。根据现代财务管理的严格定义，财务杠杆是指在企业运用如银行借款、发行债券、优先股等负债筹资方式后，所产生的普通股每股收益变动率大于息税前利润变动率的现象。简单来说，财务杠杆就是利用别人的钱来为自己赚钱。

---

① 杨进发. 华侨传奇人物陈嘉庚 [M]. 李发沉，译. 新加坡：八方文化企业公司，1990：49.

在经济学意义上，资本是指如资金、厂房、设备、材料等用于生产，可以实现增值的生产要素。资本运作也叫资本运营，就是利用资本市场，通过买卖企业、资产或者其他各种形式的证券、票据，从而实现资源优化配置、赚钱获利的经营活动。资本运作的核心也是在企业经营中发挥其杠杆作用和倍增效应。现代企业的资本运作方式很多，常见的包括企业兼并、收购、转让、托管、分立、上市（包括配股、增发新股等）、重组（包括资产剥离、置换等）等等。

在陈嘉庚所处的年代，没有众多让人眼花缭乱的财务杠杆工具和资本运作方式。但是，陈嘉庚在经商创业过程中，不仅在资源缺乏的情况下具备充分利用手头资源，稳扎稳打、因陋就简、量力而行的资源整合能力，还具有现代财务意义上的"四两拨千斤"、以小博大的财务杠杆意识和资本运作能力。

陈嘉庚的理财意识和能力在顺安米店帮助族叔管理银钱货账时期就显露出来了。他刚到米店当学徒的时候，发现顺安米店批发给客户的账期长达五六十天，而普通账期只有30天，账期太长导致资金积压时间太久，米店经营常面临资金周转不灵的问题。族叔回国后，陈嘉庚接管了顺安米店，下决心解决账期过长的问题。经过艰苦的谈判，陈嘉庚最终把应收账期缩减到了四十余天，加快了米店的资金周转。此外，他还非常重视利用银行的信用借款，利息也只有一分。

1900—1903年，在陈嘉庚回国安葬母亲期间，顺安米店由于管理不善面临破产倒闭。陈嘉庚经过冷静盘算分析，发现米店的货款账期又回到六七十天，造成米店资金困难，由此导致产生了大量的借款债务，而且利息竟然上升到一分三四。陈嘉庚认为，过重的利息负担是顺安米店破产的重要原因之一。

1906年，陈嘉庚打算租赁经营恒美熟米厂的时候，手头资金不足，他积极通过招募友人合股和抵押贷款的形式解决了资金问题。

后来，恒美熟米厂的业主不愿意继续租赁，要以16万元转让出售时，陈嘉庚又把米厂抵押获得贷款12万元，贷款的利息只有七厘半，然后再付现金4万元，"四两拨千斤"，用小笔资金把米厂盘了下来。

总之，陈嘉庚在经商创业过程中，非常重视利用银行的借贷融资或者与人合伙等方式，发挥财务杠杆效应，利用有限的自有资金启动了更大的生意。1925年，当陈嘉庚公司的经营获利能力达到顶峰的时候，他的银行借款有将近300万元。

在资本运作方面，陈嘉庚通过黄梨园和树胶园的多次买卖，实现了资金周转、资产增值和优化配置。1904年,陈嘉庚独立创业第一年,低价收购了500英亩的福山园。1909年,在福山园旁边有几个旧黄梨园,面积达500英亩,园主嫌弃无利可图,想廉价出售。于是,陈嘉庚收购了这几个旧黄梨园合并到福山园。至此福山园面积扩大到1000英亩。当年,由于恒美熟米厂遭火灾后需要重建和购买新机器,企业现金流比较紧张,为了解决资金困难,陈嘉庚对福山园做了一番巧妙的资本操作。

首先,他把福山园抵押给广益银行借贷7万元,然后与陈齐贤签署了一个合约,以实收32万元的价格将福山园预售给陈齐贤,约定到年底为止,任陈齐贤经手转售,多卖出的部分归陈齐贤所有,如果到时候不能出售,则合约取消。合约还规定,陈齐贤以利息七厘半借给陈嘉庚8万元,期限两年;这期间如果广益银行催讨7万元贷款,则由陈齐贤代为偿还。结果,合约签署后不到两个月,陈齐贤就把福山园以35万元卖给了英国人。到了1910年秋季,陈嘉庚拿到了32万元,还清广益银行抵押借款7万元和陈齐贤借款8万元后,还剩余17万元。陈嘉庚拿这笔钱又在柔佛买了两块地,分别取名"祥山园"和"福山园"。这样一番巧妙的倒腾操作之后,陈嘉庚既解决了资金紧张问题,又保留和扩大了黄梨和树胶园。

其次,1925年,树胶价格猛涨,陈嘉庚把兼种树胶和黄梨的三合园,以每英亩700元的价格卖给英国人,获利100万元。而这个种植园在1916年购买的时候只付了1万余元"讨山费",资产价格上涨了100倍。同时,陈嘉庚又耗资两百多万元收购树胶园,一共买了五六个树胶园,分别分布在柔佛和新加坡。不难发现,陈嘉庚一边以每英亩700元的价格卖掉经过耕种的树胶园,一边以每英亩200元的价格低价买进更多新的树胶园。1925年时,陈嘉庚共拥有树胶园15000英亩,在他所有的资产中,树胶园的资产价值最大。

1927年夏天,陈嘉庚把5000英亩树胶园卖给英国人,平均每英亩500元,共计收25万元,两年之内,资产价格上涨了1.5倍。1928年春,陈嘉庚又卖了6000英亩树胶,每英亩400元,收入240万元,资产价格上涨1倍。总之,陈嘉看准商机后,经常利用树胶园市场行情的变化进行买卖,低买高卖,有胆魄、敢布局,资本运作能力特别强。

陈嘉庚还善于通过抄底收购黄梨厂和树胶厂等资本运作方式,实现企业规模的快速扩大。1911年,黄梨罐头的市场行情最差,新加坡二十几家黄梨厂亏本倒闭了约一半,陈嘉庚趁这个机会收购控股了两三家黄梨厂。1913年,陈嘉庚又收购了两家处于困境的黄梨厂。通过兼并、收购和入股等资本运作形式，在新加坡黄梨罐头市场上，陈嘉庚公司的产品最终占据了市场的一半份额，年产可达七八十万箱，成为黄梨罐头行业具有绝对优势的龙头企业。

陈嘉庚大规模挺进树胶加工业也采用了收购、兼并等资本运作手段。在涉足树胶加工业之初，陈嘉庚除了自己投资把土桥头黄梨厂和恒美熟米厂改建为树胶厂之外，还参股投资了裕源公司、振成丰公司和槟城树胶公司，陈嘉庚在这三个树胶公司都占有三分之一多的股份。到了1922年前后，新加坡的树胶业开始竞争激烈，马来亚各个地方的小规模胶厂大部分都出现亏损，很多企业处于停业或半停业状态，都急着转让出售。陈嘉庚认识到公司要扩大规模，需要靠规模效益获利，因此，他趁胶市行情不好到处去考察，最后花费20余万元低价买下了9个树胶工厂，然后每个厂都扩建规模、增加吊栈热房、改造和改良机器设备。从1916年创办第一个树胶厂，到1925年陈嘉庚公司获利最巨之年，树胶厂一共获利1130万元，成为陈嘉庚公司赚钱最多的业务板块。

总之，陈嘉庚在经营实业的过程中，非常有冒险精神，善于利用财务杠杆和资本运作，实现了企业经营过程中的"四两拨千斤"、以小博大，从而使企业快速成长壮大。当然，企业负债是一把"双刃剑"，适当负债可为企业带来厚利，但过度负债也可能使企业面临巨大的风险。

第二节 陈嘉庚闽商智慧之以家国民族为重、爱国团结

一、陈嘉庚抗日救亡、参政议政的爱国事迹

早在1923年,陈嘉庚就在新加坡创办《南洋商报》,大力提倡国货,抵制日货,在华侨社会中产生了重大影响。1928年5月3日,日本出兵济南,制造"济南惨案"。陈嘉庚联络新加坡华侨,组织"山东惨祸筹赈会"并担任会长,召集华侨募捐了130多万元,救济山东受难同胞。

1936年,南京政府发起购机活动。陈嘉庚组织新马各埠华侨,募得130多万元(国币),可购机13架,以加强中国空军力量,并表示拥护南京政府,反对日本侵略。

1937年"七七"事变后,祖国掀起全面抗战。南洋华侨纷纷成立各种支援祖国抗战的群众组织,在新马成立"马来亚新加坡华侨筹赈祖国伤兵难民大会委员会"(以下简称"筹赈会"),推举陈嘉庚为主席。陈嘉庚宣布,成立筹赈会目的专在筹款,以赈济中国伤兵难民,"而筹款要在多量及持久",并亲自带头每月认捐国币2000元,至抗战胜利为止。在陈嘉庚的倡导下,华侨们的筹赈工作顺利开展,筹赈会分会组织也在新加坡岛各处纷纷建立。到1939年1月,全岛已有20多个分部,下设200多个支部,使筹赈活动得以深入。

随着抗战形势的进一步发展,南洋各地华侨团体认为必须成立一个联合组织,以便统一领导、相互协作,并要求德高望重的陈嘉庚出面召集,以促其成。1938年10月,来自南洋各埠的168位代表,一致同意成立南侨总会。南侨总会的成立,标志着南洋华侨在抗日救亡大前提下,实现了空前的爱国大团结。

在南侨总会的领导下,南洋各地筹赈会进一步扩大和发展,支援祖国抗战的各项实际行动高潮迭起,效果也极为显著。据南京政府财政部统计,自1937年至1945年,华侨捐款共达13亿多元(国币),平均每年1.6亿元。而据陈嘉庚本人估计,在1937年到1942年间,东南亚华人华侨为各项用

途而汇回中国的款项约在55.3亿元（国币）。① 以上庞大的外汇收入，增加了祖国的储备资金，阻止了祖国金融货币全面崩溃的局面，有力地支持了祖国抗战。

南侨总会还做了不少实际的工作，诸如动员3200余名华侨机工服务于滇缅公路及协助西南各省运输、支持英国于1939年9月向德国宣战、组织慰劳团回国视察和慰劳等等。其中南侨总会组织的华侨机工返国服务，是抗日战争中华侨回国报效祖国人数最多、贡献最大的一次行为。1939年至1940年间，陈嘉庚受国内西南运输公司委托，通过南侨总会从新马等地招募"经验丰富、技术精良、胆量亦大"的机工10批共3200余人，并捐赠汽车310辆及其他物资。这些华侨机工回到祖国大西南，在异常崎岖艰险的千里运输线上，克服种种难以想象的困难，运送各种国内急需的战略物资，有力地支持了祖国的抗战。除了财力、人力支援以外，南侨总会还从物力上帮助解决祖国抗战的燃眉之急。陈嘉庚曾专电荷属东印度40余处华侨慈善会，一次购得奎宁丸5000万粒，捐送国民政府，还采购了大批救伤用绷带供应抗战需要。陈嘉庚还曾计划在新加坡资建制药总厂，生产药品长期供应抗战，后因欧洲战事爆发，新加坡当局禁止药品出口而未实现。到1940年，陈嘉庚又与设在四川的药品提炼公司合作，扩充资本，增加药品产出，以供抗战之需。南侨总会还积极支持开展募集寒衣运动、"伤兵之友"运动，仅1940年冬季，南洋各属就认捐了国币400万元的寒衣。

1939年，国民党顽固派掀起第一次反共高潮后不久，国民党要人对陈嘉庚游说包围，诬陷诽谤中共及其领导的抗日军队。陈嘉庚不理会这些，严肃地陈述广大侨胞的立场："兹若不幸国共两派意见日深，发生内战，海外华侨必定痛心失望，对义捐及家汇，不但不能增加，势必反形降减。"② 为了向华侨报告国内真实情况，1939年冬，陈嘉庚发起组织慰劳团，明确指出"慰劳团之目的系欲鼓励祖国同胞参加抗战民气，及回洋报告侨众增益义捐，及多寄家费以加外汇"。慰劳团于1940年3月回到国内，从5月开始分成3个分团出发访问，历时4个月，足迹遍布国内18个省份。慰劳团所到之处，报告海外侨胞抗日救亡活动和爱国事迹，亲切慰问抗战军民，受到祖国同胞的热烈欢迎。慰劳团回到南洋后，又向侨胞报告、宣传国内抗战情形，增强了侨胞支援祖国抗战的信心。当时，陈嘉庚不顾67岁高龄，风尘仆仆，回国参加慰劳活动，并以南侨总会主席的身份，亲自领导了这次意义重大的活动。他会见了毛泽东、朱德等中共领导

---

① 蔡仁龙，郭梁. 华侨抗日救国史料选辑[Z]. 福州：中共福建省委党史工作委员会，1987：18.
② 陈嘉庚. 南侨回忆录[M]. 厦门：厦门大学出版社，2022.

人，实地考察了边区的各项事业。他目睹陕甘宁边区欣欣向荣的光明景象，又了解到共产党坚持抗战的决心、解放区励精图治的事实，对中国前途产生了新的信心。他回到南洋后，不顾国民党的压力和恐吓，真实地报告了观感，高度赞扬边区军民对抗战的贡献，用事实驳斥对八路军、新四军的诽谤，点燃了华侨同胞对抗战的希望。

1941年1月，皖南事变发生，震惊了海外华侨社会，激起侨胞的强烈谴责。陈嘉庚以南侨总会主席和国民参政会参政员名义致电国民党中央、军政长官和全国同胞，痛斥皖南事变是"自为鹬蚌，势必利落渔人"，恳切呼吁遏止内争，加强团结。陈嘉庚主持的《南洋商报》发表社论指出，"现值大敌当前，失地未复，我们所要求的是抗战建国，民主团结；我们所反对的是妥协投降，内战分裂"[①]。《南洋商报》还发起反分裂、反妥协、反独裁的"七七签名运动"，3周内有20余万人参加签名，再次显示了海外华侨维护团结、坚持抗战的决心和力量。

1941年12月，太平洋战争爆发，日军大举进攻东南亚。在战火逼近新加坡的时候，陈嘉庚应新加坡英总督的请求和侨民大会的推选，担任"新加坡华侨动员总会"主席，领导华侨保卫第二故乡。在新加坡沦陷前的短短数周内，华侨在宣传发动、巡逻守卫、提供劳力等方面做了大量工作。在新加坡保卫战中，华侨千余人组成的星华义勇军浴血奋战8天，重创日军，写下了新加坡华侨反侵略战史上最为悲壮的一页。

抗战胜利后不久，国共内战又爆发。陈嘉庚反对美国援助蒋介石，致力于建立民主共和的新中国，以实现海外闽商的夙愿。他以南侨总会主席名义，于1946年9月发电报致美国总统杜鲁门与参众两议院议长表示抗议，呼吁美国撤回驻华海陆空军及一切武器，不再援助蒋政府以使内战得以终止。1947年，陈嘉庚又组织"新加坡华侨各界促进祖国和平民主联合会"（简称"民联社"），积极声援民主党派关于制止内战的斗争。1949年5月，他亲自撰文在《南侨日报》上发表，抨击蒋介石独裁政权、揭露美蒋勾结阴谋；赞赏"祖国光明在望""新中国必能兴利除弊"，从道义上配合人民解放战争，为新中国的建立做出了贡献。

1949年1月，毛主席邀请陈嘉庚回国参政。5月，陈嘉回国参加中国人民政治协商会议筹备会。9月，陈嘉庚以华侨首席代表身份参加中国人民政治协商会议。10月1日，陈嘉庚在天安门城楼参加了中华人民共和国开国大典。此后，陈嘉庚曾任中央人民政协委员、中国人民政治协商会议第一届全国委员会常务委员、中央华侨事务委员会委员、

---

① 郭梁. 陈嘉庚与南洋华侨抗日救亡运动[J]. 厦门大学学报（哲学社会科学版），1993(4)：58-63.

中华全国归国华侨联合会主席、第一届全国人大常委委员、政协第三届全国委员会副主席等职务。1961年8月12日，陈嘉庚病逝于北京，享年87岁。后安葬于福建集美鳌园。

二、陈嘉庚创业经商中的实业强国理念

毋庸讳言，陈嘉庚初期经商创业也是为了个人发展和家庭生活。他17岁被父亲召到新加坡参与顺安米店的经营，31岁时开始自主创业，一方面为了替父还债，一方面"念不可赋闲度日"。但是，陈嘉庚目睹当时中国内忧外患、国弱民穷的现实，萌生了一股强烈的"天职意识"。所以，陈嘉庚的创业动机很早就跳出了个人发家致富的经济性动机，表现出了对国家和民族忠心耿耿、鞠躬尽瘁的崇高风范，坚定地走上了一条为社会尽责、为国家尽忠的人生道路。

陈嘉庚尽忠报国的价值观，尤其是教育救国、实业强国的理念，是影响他经商创业的重要原因。每个成功的商人都会面临一个问题：创造财富的目的是什么？具有不同价值观的人会做出不同的回答。可能有人会猜测，陈嘉庚是不是因为创业成功，积累了巨额财富后，出于对故国故土的社会责任而慷慨大方。其实，陈嘉庚不是因为有钱了才捐资办学，他忧国忧民的爱国情怀和尽忠报国的价值观早已根深蒂固，他在回忆录中特别提到"生平志趣，自廿岁时，对乡党祠堂私塾及社会义务诸事，颇具热心，出乎生性之自然，绝非被动勉强者"。

20岁出头的陈嘉庚，在其父米店"打工"时完成的一件事，说明了他很早就树立了热心公益、服务社会的珍贵品质。陈嘉庚初到新加坡时发现了一本药书《验方新编》，根据朋友的介绍和自己的经验，他认为该书药方十分有效，于是想购买一批药书，送到福建故乡的各个村庄。陈嘉庚打听到这本医书的版权远在日本横滨的中华会馆，他不辞辛苦、不怕麻烦，辗转托香港的朋友汇款到日本横滨，前后数次，购买了六七千本，免费送回闽南给乡民作为治病的参考。

陈嘉庚倾资兴学的志向也是很早就树立了。早在1894年，陈嘉庚回国完婚期间，他利用在父亲米店"打工"三年所得的薪酬积蓄和父亲给他的结婚费用的剩余部分，出资2000银圆，在集美创办了惕斋学堂，供本族贫寒子弟入学就读。这是陈嘉庚在家乡捐资办学的开端。1906年，陈嘉庚还处在创业起步替父还债的阶段，就毅然省吃俭用，在新加坡集资创办了道南学堂，这也拉开了他在海外开展教育事业的序幕。

辛亥革命推翻封建帝制，建立民国政府后，陈嘉庚备受鼓舞，他说"民国光复后余热诚内向，思欲尽国民一分子之天职，愧无其他才能参加政务或公共事业，只有自量绵力，回到家乡集美社创办小学校，及经营海产罐头蚝厂"。至此，陈嘉庚创业经商是为了教育救国、实业强国的思想已经十分明确。

1912年秋，陈嘉庚带着创业起步仅8年积累的不多财富，从新加坡回归故里，筹办集美小学，全面开启了他倾资兴学的人生历程。如果从1894年在集美创办惕斋学堂算起，陈嘉庚一生办学的时间长达67年之久，创办及资助的学校多达118所。这些学校覆盖了福建全省各地和新加坡，学校层次包括幼儿园、小学、中学和大学。根据洪丝丝在《陈嘉庚办学记》中的统计，陈嘉庚一生对教育事业的捐款，以1980年国际汇市比率计算，相当于1亿美元左右。如果加上陈嘉庚创办的集友银行的红利和经他筹募的办学经费，则数字更加惊人。著名教育家黄炎培曾由衷赞叹："发了财的人，而肯全拿出来的，只有陈先生。"陈嘉庚一生办学时间之长、创办及资助学校之多、捐资之巨、办学成绩之著，堪称中国近现代史上第一人。

陈嘉庚矢志办教育的根本目的是培养人才、振兴实业，他坚信"教育不振则实业不兴"。所以，实业强国是陈嘉庚非常重要的价值追求。比如，他非常重视职业教育，在集美学校积极培育水产、航海、商科、农林等专业人才，其目的就是为社会培养振兴实业所需要的专业人才。

另外，陈嘉庚重视投资、扩大树胶成品制造及销售的原因是，他认为20世纪是树胶时代，但中国的树胶工业几乎为零，连日本都有大大小小的树胶制造厂400多家，中国却没有一家像样的树胶制造厂。而新加坡的树胶制造厂，员工基本上是华侨，工人们可以学习掌握树胶制造过程中的化验、生产设备、操作机器、生产各种产品等方面的技术和经验。训练和培养这些技术工人和职员，"如师范学校之训练学生俾将来回国可以发展胶业。愚于个人经营之外，尚抱此种目的，故不惜资本，积极勇进"。陈嘉庚把他的橡胶厂也想象为一所学校，专门用来培养回国之后可以填补空白、施展才能的树胶人才。陈嘉庚公司的确培养了大量橡胶业人才，如李光前、陈六使等更是成为东南亚的巨商，并成为陈嘉庚抗日救国、捐资办学等社会事业的忠实支持者。

总之，在陈嘉庚的经营哲学里面，艰苦创业、拼命赚钱的目的只有一个：实现教育救国、实业强国的人生志向。因此，财富只是尽忠报国的手段，而不是目的，在这个问题上陈嘉庚具有坚定的信念和无与伦比的高尚情操。我们能从以下几个例子看出：

第一个例子是，1918年5月，陈嘉庚在新加坡患了一场病，得了阑尾炎，这个如今很普通的病症，在当时是生死攸关的险症。陈嘉庚以为到了生死关头，于是请来律师和至交，立下遗嘱，将他所拥有的店屋、地产、树胶园等价值200万元的资产，全部划拨给集美学校为永久基金，以保证在他离开人世之后集美学校依然能发展。

第二个例子是，陈嘉庚在一战期间，因看准机会涉足航运业，赚得巨额财富的时候，他想的不是荣华富贵，不是享受生活，甚至不是想如何赚更多的钱，而是萌生了一个十分不寻常的想法：回国长住，专门办教育。他说："余自冬间欧战息后，便思回国久住以办教育为职志，聊尽国民一分子之义务。"陈嘉庚的这个举动不是一时兴起，也不是因为有钱了才想行善积德，实际上，从1912年起，陈嘉庚身上"尽国民天职"的思想和意识已经入心入髓。

1918年底，陈嘉庚决定长期回国兴办教育，并且在经济上做了认真盘算和妥当安排。他认真盘算了黄梨厂、树胶厂、米店、树胶园等各个产业，厘清了发展思路，做好了战略规划，并决定让胞弟陈敬贤至新加坡看管这些实业。他所做的这一切，都是为了确保自己可以回国安心办教育。1919年5月，陈嘉庚回到集美后，激情澎湃地投入公益教育事业中，其中最大的功绩是经过他亲自选址买地、设计建筑、物色校长、确定校训等工作，厦门大学于1921年4月6日正式开学。

第三个例子体现在陈嘉庚1929年亲自起草制定的《陈嘉庚公司分行章程》（以下简称《章程》）中。《章程》序言明确指出："本公司及制造厂虽名曰陈嘉庚公司，而占股最多，则为厦门大学与集美学校两校，约其数量，有十之八。盖厦集两校，经费浩大，必有基金为盾，校业方有强健之基。而经济充实，教育乃无中辍之虑。两校命运之亨屯，系于本公司营业之隆替。"公司章程是公司对外进行经营来往的基础法律依据，是公司建立和运作的最重要文件，公司章程所确认的公司义务和权利关系对外产生相应的法律效力。陈嘉庚把公司获得的利润，几乎全部用于支持厦门大学和集美学校，已经明确写入公司章程，这在商界是罕见的。从这个意义上说，陈嘉庚创办的企业，已经不是一个商业企业，而是一个具有特定社会目标的社会企业。

第四个例子是陈嘉庚在公司陷入困境之际，在到底要救企业还是要办教育之间做出的果断选择。陈嘉庚公司经历了1926—1928年的树胶行情低迷时期，1929年开始又碰上经济大萧条，面临"避贼遇虎惨况"。经济困难，企业一直亏损，"有人劝余停止校费，以维持营业，余不忍放弃义务，毅力支持，盖两校如关门，自己误青年之罪小，影响社会罪大，在商业尚可经营之际，何可遽行停止。一经停课关门，则恢复难望。若命运衰颓，原属定数，不在年开三几十万元校费也"。陈嘉庚在公司困难重重之际，仍然坚持只要尚可经营，绝不会让厦大、集美两校因缺乏经费而关门。

事实上，陈嘉庚是有机会停办教育、救活企业的。某国的一个大集团想注资收购陈嘉庚的公司，扶持其继续经营发展，但提出的条件是必须停办厦集两校。陈嘉庚断然拒绝，他说"宁可变卖大厦，也要支持厦大"，并毫不犹豫把位于新加坡经禧路42号的3栋别墅卖掉，把收到的房款用于支持厦门大学。他还说："我生活简朴，有一碗花生粥吃即行了。"他把作为陈嘉庚股份公司董事经理的4000元薪水，仅留100元当生活费，剩余的钱全部按月汇往集美学校。在公司收盘之际，陈嘉庚尽力为两校经费奔走，为此做了很多细致的安排，比如，把树胶厂、饼干厂等出租或转让给李光前、陈六使等人，唯一要求的条件是这些厂的部分得利要捐献给厦门大学和集美学校。

陈嘉庚在异国他乡闯荡立业，一方面表现出了放眼世界的国际视野，他开展跨国经营，与东南亚、欧美等国家的客人和合作商打交道，在全球市场做生意；另一方面又具有浓厚的乡亲本土情怀，时刻眷念故土，心系祖国，对祖国、家乡、亲人怀有深厚的感情和赤子衷肠。陈嘉庚的这种乡土情怀不仅表现在尽忠报国、鞠躬尽瘁的爱国主义精神，还表现为他在新加坡创业经商过程中对老乡亲人、华人华侨的信任和依赖。根据杨进发博士的研究，1819年新加坡社会已为多元民族共处状态。从1860年开始，新加坡总人口中，华人已经占据多数。当时在新加坡的华人社会，主要有七个大小不同的帮派，它们分别是福帮、潮帮、广帮、琼帮、客帮、侨生帮和三江帮。福帮在人口数量和经济实力方面都具有较大优势。1881年，福帮人口在新加坡华族人口中占28%，这一比例到1921年上升到了43%，福帮成为新加坡华人中最主要的族群。从经济实力看，19世纪的新加坡涌现出了很多来自福建的商业泰斗，到了20世纪，福建人更是在银行、保险、金融、船务、树胶加工制造、进出口贸易等方面独占鳌头。

1890年，17岁的陈嘉庚来到新加坡的时候，他面对的是一个人数众多、资力鼎厚、生机勃勃的华侨社会，尤其是大量讲着闽南语的乡亲。在经商创业的过程中，陈嘉庚表现出了浓郁的血缘和地缘情怀，充分调动和利用了华人社会的资源、网络和力量，尤其是福帮的势力。同时，他也是华侨利益的坚定捍卫者和代言人，为争取和维护华侨的利益鞠躬尽瘁，做出了重大贡献，受到东南亚各地华侨的爱戴和拥护，成为杰出的华侨领袖。

陈嘉庚开始学习经商的顺安号米店就是一个典型的家族企业。他的父亲陈杞柏拥有企业所有权,但米店的日常经营和财务则由他的远房族叔陈缨和负责。1892年,由于远房族叔回乡探亲,陈嘉庚接任米店的经理和财务主管,成为受父亲器重和赏识的支薪经理。后来,陈嘉庚在自主创业和企业经营的管理过程中,特别重用具有血缘和地缘关系的亲人、族人或同乡。他的胞弟陈敬贤从1904年到新加坡后,就一直跟随嘉庚开拓经营。"打虎亲兄弟",陈敬贤成为陈嘉庚推进各项事业的得力助手。尤其是1919—1922年陈嘉庚回国办学期间,陈敬贤在新加坡全面负责陈嘉庚公司业务,竭力减轻经济衰退带来的不利影响,呕心沥血,苦心经营,三年获利280万元,为集美学校、厦门大学的建设和发展提供资金。

陈嘉庚还让自己的四个儿子——陈济民、陈厥祥、陈博爱及陈国庆,到企业从基层开始工作锻炼。后来他们都成为独当一面的业务负责人,陈济民负责陈嘉庚公司生橡胶业务,陈厥祥和陈博爱共同负责熟橡胶制造业务。

除了让具有血缘关系的亲人负责企业重要的经营管理活动,陈嘉庚还聘用和重用了一大批族人、同乡和华侨。例如,在土桥头树胶熟品制造厂1926年录用的200名员工中,就有122名是来自泉州府的族人和同乡。在陈嘉庚公司规模最大的时候,公司雇用的3万余名职员,多数是福建人,甚至有不少是集美学校的毕业生。

在陈嘉庚委以重任的人才中,陈六使来自同安县,是陈嘉庚的族弟,由于工作干练有魄力、做事认真负责,被陈嘉庚从树胶园的普通员工培养为公司的高级管理人员;李光前是泉州南安人,属于陈嘉庚的闽南老乡,为人诚实,有才华,通晓中英文、进出口业务和金融财务,被陈嘉庚从别的公司挖过来,并委任为谦益树胶厂的总经理;温开封是海沧人,作为化学科技师,被聘为橡胶熟品制造厂总经理,辅佐陈厥祥和陈博爱;傅定国是漳州人,原在上海,20世纪20年代后期被召回担任总部部门经理,30年代任《南洋商报》督印。李光前、温开封、傅定国后来都成了陈嘉庚的女婿。

陈嘉庚在商业上取得的巨大成就,离不开大量华人雇员的辛苦劳动、支持和信任。而陈嘉庚的各个企业,也为华人提供了良好的就业和职业发展机会。陈嘉庚公司培养了很多在行业、管理、技术等方面有丰富经验的雇员,他们中的很多人后来自立门户,如李光前、陈六使、陈文确、刘玉水、杨六使、陈水蚶、张两端、刘鼎等等,活跃在银行业、树胶业等各行各业,成为有名的大企业家和华人领袖。

三、陈嘉庚创业经商中坚持家国团结

陈嘉庚在经商创业中坚持家国团结精神是其爱国奉献精神的重要组成部分，具体体现在以下几个方面。

（一）兴学救国

陈嘉庚先生认为教育是国家富强的基础，他倾资兴学，以教育救国为己任。辛亥革命推翻了清朝封建专制统治，使陈嘉庚欢欣鼓舞，兴学报国的愿望更加强烈。正如他为纪念《东方杂志》创刊30周年而作的《畏惧失败才是可耻》一文中所说："我办学之动机，盖发自民国成立后，念欲尽国民一分子之天职。" 1913年，陈嘉庚在家乡创办了第一所小学——集美小学，有"学生一百五六十名，分五级，应聘校长教员七人"。从1917年开始，又在集美大兴土木，建筑校舍，设立女子小学校、男子师范和中学、幼稚园，1920—1927年又创办水产、商业、女子师范和中学、幼稚师范、农林、国学专门等，计有男小、女小、男师范、男中、女中、水产、航海、商业、农林、幼师、乡师、国专等十几所学校，并逐步发展，在校内建起电灯厂、医院、科学馆、图书馆、大型体育场，统称为集美学校。集美学校对学生大都不收学宿费。经过多年的艰难缔造，集美学校初步形成了一个较为完整的教育体系，原来贫穷落后的渔村，变成了闻名全国的学村。1923年，经孙中山先生批准，"承认集美为中国和平学村"。"集美学村"由此得名。

在承担集美、厦大两校庞大开支的同时，陈嘉庚还于1921年联络新加坡华侨，组织同安教育会，支持同安县创办40多所小学。1924年，陈嘉庚把同安教育会改为集美学校教育推广部，至1935年，先后补助本省20个县市的73所中小学，补助总额达193227银圆，全部由陈嘉庚承担。

兴办厦门大学的义举，乃是他兴学史上继创办集美学校之后的又一里程碑，也是他教育立国理念的又一鲜明体现。当时，福建的教育十分落后，陈嘉庚认识到发展高等教育的重要性与迫切性，指出，"专制之积弊未除，共和之建设未备，国民教育未遍，地方实业未兴，此四者欲望其各臻完善，非有高等教育专门学识，不足以躐等而达。吾闽僻处海隅，地瘠民贫，莘莘学子，难造高深者。良以远方留学，则费重维艰；省内兴办，而政府难期，长此以往，吾民岂有自由幸福之日耶？且门户洞开，强邻环伺，存亡绝续，迫于眉睫，吾人若复袖手旁观，放弃责任，后患奚堪设想"。他形象地将高等学校比喻为机器中的发动机，中等专门学校和中小学好比是它的附属品，称：

"夫大学人才比如主要之发动机，专门以下暨中小学，则其附属品也。欲求附属品之发达，非赖有完全的发动机不可。"陈嘉庚在《本报开幕之宣言》中还提及："科学之发源，乃在专门大学。有专门大学之设置，则实业、教育、政治三者人才，乃能辈出。以教育言，有良好之大学，自有良好之中师，有良好之中师，自有良好之小学。譬植树焉，不培根，枝干何处发达，理势然也。"他在欢迎林文庆校长赴南洋募捐回国的晚宴上演讲，曾称："盖有完备之大学，然后方有好的中学及小学之希望，譬喻坡中最需要之自来水，必先建筑一清洁卫生而储备充分之水量之大水池，然后可以便利大众之需要，了无疑义也。"他又以"树根与枝干""蓄水池与自来水"之间的关系，生动而深刻地阐明大学教育与基础教育的关系。正由于陈嘉庚对发展大学教育有着深刻的认识，为实现救国宏愿，他决心倾资创办大学。

陈嘉庚1919年5月返梓，在回集美以前，已决定创办厦门大学，并扩大集美学校规模。为使两校经济有可靠的来源，他将所有不动产全部捐作集美学校永久基金。在新加坡恒美厂宴请同业时亦同样宣布："此后本人生意及产业逐年所得之利，除花红以外，或留一部分添入资本，其余所剩之额，虽至数百万元，亦决尽数寄归祖国，以充教育费用。"陈嘉庚积极筹备成立厦门大学，并认捐开办费100万元作为两年开支，复认捐经常费300万元作为12年开支，每年25万元，待大学稍具规模，再向东南亚富侨募捐。

1919年5月9日，由陈嘉庚亲自选址，厦大在厦门演武场奠基开工。1921年4月6日，厦门大学正式开学。1922年，厦大又添建工学与新闻两部。1924年，厦大教育科、商科、新闻科并入文科，改称学系。1926年，厦大国学研究院开办。但是，由于陈嘉庚营业不利，厦大国学研究院与厦大工科于1927年停办。到1930年，厦门大学发展为5院（即文、理、法、商、教育）17系（诸如中国文学、外国文学、哲学史学、社会学、算学、物理、化学、动物学、植物学、经济学、法律学、教育、银行、会计与工商管理等）。后来世界经济不景气，严重打击了陈嘉庚的企业，面对艰难境遇，陈嘉庚仍毅然做出"宁可变卖大厦，也要支持厦大""宁使企业收盘，绝不停办学校"的抉择。他把自己的3座别墅卖了，作为维持厦大的经费。1934年，陈嘉庚有限公司收盘，厦、集两校经费不敷60余万元，陈嘉庚向马六甲曾江水募15万元，叶玉堆捐5万元，他又变卖厦大校产10余万元，并借款20余万元，始能继续维持两校。1937年，因厦大经费维持困难，陈嘉庚决定让南京教育部与闽省政府接管厦大，厦大改为国立，结束了陈嘉庚几乎独立维持厦大16年的伟大壮举。

除了在国内办学，陈嘉庚还积极在海外办学。辛亥革命前，东南亚的华文学校教育几乎是空白，虽有少数私塾，但只讲孔孟之道，而一些英语学校培养学生是为了巩固殖民统治。有的华侨只好送子弟回国上学或深造，但由于种种原因，能如愿以偿者寥寥。有鉴于此，陈嘉庚在着力经营实业的同时，为了使华侨不忘祖国和家乡，在新加坡集资创办或支持赞助各类华文小学、中学及专业学校。

1907年4月，陈嘉庚与110位闽帮商界的有识之士，发起创设道南学堂的倡议，陈嘉庚的谦益号慨捐1000元。学堂半年内便已筹得5.9万元，聘得教师4位，招得学生近100名，遂于该年11月8日正式开课。1910年，陈嘉庚被选为道南学堂第三届总理(即董事会主席)后，即向闽侨募捐，建筑校舍，并对校务实行改革创新，注重选聘优秀中文教师，坚持以普通话代替方言教学。由于陈嘉庚办学有方，华侨热心支持，教师认真执教，加上经费充足，因此学校办学成绩显著，学风优良，校誉日隆。到20世纪60年代初，道南学堂学生已达1300余人，在新加坡华文学校中数一数二。此后他又支持、赞助新加坡闽侨于1912年与1915年创办的爱同小学校和崇福女小学校。1913年，陈嘉庚在家乡集美去函新加坡中华总商会，要求商会出面领导建立中学，南返后亦提出倡办中学的意见书。在陈嘉庚的领导之下，南洋华侨中学于1919年3月21日成立。1937年12月，祖国东南沿海陆续沦陷，集美水产航海学校内迁安溪山区，南洋侨生难以回国求学。陈嘉庚以"开拓祖国及南洋之海利为宗旨"，1939年创办了新加坡华侨水产航海学校，"招收各届华侨子弟有志向学者"入学，经费由福建会馆承担，是为全侨培养专门技术人才的职业学校。陈嘉庚于1941年春致函各帮侨领，建议联合在新加坡创办南洋华侨师范学校。他排除万难，首先向李光前劝募建筑物一所，作为该校校舍，然后再向各商家劝捐，前后共得36万元。南洋华侨师范学校终于在1941年10月10日举行开学礼。当时学生共有230余名，教师20余位。

陈嘉庚先生一生中花在办教育方面的钱超过1亿美元，然而，他对自己、对家人却克勤克俭、自奉淡泊。他曾说过："人生在世，不要只为个人的生活打算，而要为国家民族奋斗。"他身体力行的座右铭是："应该用的钱千万百万都不要吝惜；不该用的钱，一分也不能浪费。"

(二) 抗战救国

在抗日战争期间，陈嘉庚先生领导东南亚华侨积极支援抗战，贡献卓著。他组织山东惨祸筹赈会，救济受害民众并抵制日货，抗议日本在山东济南制造的"五三"惨案。"七七"事变后，南洋华侨在新马成立马来亚新加坡华侨筹赈祖国伤兵难民大会委员会，陈嘉庚带头每月捐款以赈济国内抗战伤民。他还在新加坡积极倡导建立筹赈会分会组织，该举措为中国经济稳定、抗战行动可持续做出巨大贡献。

除了经济上的支持，他还组织慰劳团，通过宣传各地的抗日救亡事迹和爱国救国事迹，振奋抗战军民的精神，这对于团结国内抗战力量和振兴海外华侨家国精神有重要意义。在抗战期间，国民党顽固派也不断地进行着分裂活动，不利于抗日战争的进行。陈嘉庚也受到国民党顽固派的游说，但是他不以为意，勇敢严肃地谴责了国民党内战分裂的意图。他亲自到国内战区视察见证了各地的抗战情况，真实地向华侨报告了共产党领导下的边区军民对抗战的贡献。海外华侨纷纷痛斥国民党的分裂活动，并恳切呼吁要团结起来一致抗日。海外华侨虽远在海外，却始终关注着国内事务，有着浓厚的家国团结精神。

（三）维护国家主权和统一

陈嘉庚是伟大的爱国主义者，也是伟大的民主主义者。陈嘉庚早年参加同盟会，从经济上大力支持辛亥革命和孙中山先生领导的"推翻清政府，建立民主共和"的革命活动。在抗日救亡运动中，他更是积极动员华侨捐款献物，从财力、物力和人力上支援祖国抗战；他还充分利用其华侨领袖的威望及特殊地位，坚决反对任何妥协、投降的行径，反对在国共两党之间制造摩擦和分裂，对坚持和发展抗日民族统一战线、维护团结抗战做出了特殊的贡献。在解放战争时期，他旗帜鲜明地反对内战，主张和平；反对专制，要求民主；要求美国政府立即撤出驻华海陆空军，停止干涉中国内政，结束一党专政，并致力于建立民主共和的新中国。新中国成立之后，他毅然从南洋回国定居，积极参加祖国的社会主义建设事业，努力推动华侨爱国大团结，鼓励和引导华侨支持祖国建设。陈嘉庚先生还努力维护祖国各民族的大团结，并多次发表关于台湾的谈话，表达实现祖国统一的强烈愿望。

第三节 陈嘉庚闽商智慧之回馈桑梓、兴学重教

一、陈嘉庚倾资兴学、复兴两校的办学历程

陈嘉庚是一位心系祖国的华侨实业家、教育家和社会活动家。他深信"以救国大计,端赖教育",因此投入大量的资金和资源来支持教育事业等公益事业发展,为社会培养更多人才,提升社会的整体福祉。早在1913年,他就在家乡创办了集美小学,后来又增设了师范、中学、渔业、航海、商、农等学校,统称为"集美学校"。1921年,陈嘉庚又亲自创办厦门大学,主持校舍建设,高薪聘请教师,培养国内外高层次人才[1]。他还在新加坡创办和赞助了许多学校,形成了一个广泛的、开放的教育体系。

陈嘉庚兴办和资助的学校达118所,他一生致力于通过兴办和资助学校来推动教育的发展,以实现人民幸福、民族复兴和国家富强。他的这种精神和对教育的执着追求,对中国现代教育的发展产生了深远的影响。

(一)倾资兴学,创办集美学校

1913年,中国正处于历史的转折点上,一个伟大的梦想在集美社的大祠堂中悄然绽放。这一年,陈嘉庚创办的集美小学正式开学,这不仅是一个学校的诞生,更是陈嘉庚对现代教育理念的坚定信仰和对国家未来的深切期望的具象化。

集美小学,作为陈嘉庚现代教育事业的起点,承载着他近半个世纪的辛勤耕耘和无私奉献。在这里,他倾注了无数的心血和精力,不仅为了培养优秀的人才,更为了通过教育来推动国家和民族的进步。

陈嘉庚兴办的集美小学首届运动会集体照、集美小学大操场如图3-1、图3-2所示。

---

[1] 鄢姿.论嘉庚精神对闽南近代华侨倾资兴学的影响[J].科技展望,2016,26(8):336-337.

图 3-1　1917 年冬，集美小学首届运动会合照

图片来源：集美校友总会网站。

图 3-2　集美学校大操场

图片来源：http://www.sohu.com/a/436185019_120804015。

之后在不到 15 年的时间里，陈嘉庚相继创办了女子小学、师范、中学、幼儿园、水产、商科、农林、国学专科、幼儿师范等，统称为"集美学校"[①]。集美学校逐步发展形成了普通教育与职业教育并重，兼备女学的完整教育体系。这也成为集美大学的前身。

在办学过程中，陈嘉庚展现出了对女子教育的重视，这在当时的社会背景下是难能可贵的。他反对重男轻女的传统观念，为女子提供了平等接受教育的机会，不仅有利于女性的个人成长，也对整个社会的进步具有重要意义。此外，陈嘉庚强调"德智体三育并重"的教育方针，认为学生应该在品德、智慧和体魄方面都得到全面的发展。同时，还大力发展职业技术教育。他深知职业教育能够为社会培养具有实际技能的人才，有助于国家的经济建设和社会发展。这些带有前瞻性和创新性的教育见解，在当时的历史条件下，都是难能可贵的，也是我们现在仍然在倡导的教育方向。

为"开拓海洋、力挽海权"，在职业技术教育的发展中，陈嘉庚尤其重视航海技术的教育。他于1920年在集美学校创办水产科，旨在培养渔业航业的中坚人才[②]。这一举措为后来集美大学航海学院的创建奠定了坚实的基础。航海学院拥有国内先进的航海雷达模拟器、大型船舶操纵模拟器等设备，以及稳定的海上实习基地，为培养优秀的航海技术人才提供了良好的条件，在国内和东南亚具有广泛的影响力，被誉为"中国航海家的摇篮"。陈嘉庚的水产教育梦和航海教育梦在集美大学得到了很好的传承和发展，为国家的海洋事业做出了重要贡献。

集美学校水产科学生在校学习情景如图3-3所示。

陈嘉庚曾对集美学校师生说："我培养你们，我并不是想要你们替我做什么，我更不愿你们是国家的害虫、寄生虫，我希望你们的只是要你们按照'诚毅'校训，努力地读书，好好地做人，好好地为国家和民族做事。"

陈嘉庚对集美学校师生所说的这段话，充分展现了他对教育事业的深切期望和崇高理想。他强调自己培养学生并非为了个人的利益，而是希望他们能成为有益于国家和民族的人才。在这段话中，陈嘉庚先生提出了"诚毅"的校训，这是其教育理念的核心。他要求学生真诚地面对自己和他人，有坚定的意志和毅力去追求真理和进步。他鼓励学生努力学习，不断提升自己的知识和能力，同时也要注重道德修养，

[①] 鄢姿. 论嘉庚精神对闽南近代华侨倾资兴学的影响 [J]. 科技展望，2016，26（8）：336-337.
[②] 田圆. 兴学育才 逐梦深蓝——陈嘉庚创办航海教育培养海洋人才侧记 [N]. 福建日报，2024-05-24（7）.

图 3-3　水产科学生在进行水产解剖实验

图片来源：兴学育才　逐梦深蓝——陈嘉庚创办航海教育培养海洋人才侧记 [N].福建日报，2024-05-24（7）.

成为一个品德高尚的人。更重要的是，陈嘉庚希望学生们能够为国家和民族做出贡献，他深知一个人的价值不仅仅在于个人的成就和荣誉，更在于他能为社会、为国家、为民族带来多少贡献。因此，他鼓励学生要有远大的理想和抱负，要勇于担当起自己的责任，为国家和民族的繁荣富强贡献自己的力量。

这不仅是对集美学校师生的期望和要求，也是对所有年轻人的鼓励和鞭策。作为一名有志青年，应该树立正确的价值观和人生观，不断提升自己的能力和素质，为国家和民族的繁荣富强贡献自己的力量。同时，也要注重道德修养，成为一个品德高尚、有社会责任感的人。

1994 年，集美师范高等专科学校、集美航海学院、集美财经高等专科学校、厦门水产学院和福建体育学院等五所学校合并，组建为集美大学，进一步增强了学校的实力和影响力。而到 2004 年，原厦门市工业学校的并入，更是为集美大学注入了新的活力。集美大学现为福建省"双一流"建设高校，是交通运输部与福建省、自然资源部与福建省、福建省与厦门市的共建高校。在长期办学实践中，集美大学坚持"嘉庚精神立校，诚毅品格树人"，注重培养学生的品德修养和实践能力，为社会培养了大量优秀人才，在海内外享有广泛声誉。

（二）殚精竭虑，创办厦门大学

1921年，陈嘉庚倾其所有创办了厦门大学，他亲自选址、规划并监督学校的建设，同时高薪聘请国内外优秀教师，致力于培养高层次人才。厦门大学是中国近代教育史上第一所由华侨创办的大学，也是与中国共产党同龄的大学。在建校100周年之际，习近平总书记致信表示祝贺，并高度赞扬了厦门大学的光荣传统和卓越成就。

1919年，陈嘉庚在新加坡决定回乡创办厦门大学。回到厦门后，陈嘉庚立即行动，邀请各界人士召开大会，号召创办厦门大学。他慷慨激昂地表示，国家的命运危在旦夕，只有教育和民心能够支撑起民族的未来。他呼吁大家同舟共济，为厦门大学筹集资金，并当场认捐了巨额的开办费和经营费，这几乎是他当时的全部资产。

1921年4月6日，厦门大学正式开学。在5月9日这个特殊的日子——袁世凯接受丧权辱国的"二十一条"的"国耻日"——陈嘉庚亲自率领全体师生举行厦大首批校舍奠基仪式，并再次发表慷慨激昂的讲话，表达了自己办教育的决心和对祖国的热爱。他强调，教育是立国之本，兴学是国民天职，如果不为教育而奋斗就不是真正的国民。陈嘉庚先生用自己的实际行动践行了"天下兴亡，匹夫有责"的誓言，这种爱国情怀和无私奉献精神令人敬佩。

从1926年起，世界经济不景气，陈嘉庚的企业也遭受了巨大的打击，尤其是他经营的橡胶业逐年亏损，损失高达100多万元。更为严重的是，由于他领导华侨抵制日货，引起了日本帝国主义者的仇恨和报复，他的橡胶厂被纵火焚烧，企业元气大伤。在这样的困境下，陈嘉庚并没有放弃，他想尽办法确保厦门大学的正常运转。

1931年，银行集团采取强迫手段，要求陈嘉庚停止供给厦门大学和集美学校的经费。面对这样的压力，陈嘉庚坚决拒绝，他明确表示："企业可以收盘，学校绝不能停办！"他坚持以月薪新加坡币4000元作为出任总经理的条件，但月终时，他却将这笔薪金全部汇给两所学校作为经费。

1934年陈嘉庚公司收盘后，社会上流传着"两校不日即将关门停办"的谣言，但陈嘉庚坚定地表示，这两所学校可以维持下去，并鼓励师生们勤奋自勉，振兴民族文化，不要被谣言所惑。他的这种坚定信念和决心，指引、推动着厦门大学和集美学校的持续发展。

经济危机日益严重,陈嘉庚变卖了自己在新加坡购置的房产,以支持厦门大学和其他学校的运营。图3-4即为其为支持厦大办学而变卖的三栋别墅之一——经禧路别墅。尽管面临着重重困难和挑战,他仍然坚定地支持着厦门大学和其他学校的发展。

图3-4 经禧路别墅

1937年,当国家面临更加艰难的处境时,陈嘉庚决定将厦门大学无条件地献给国家,交由政府接办。他没有要求任何回报,而是反复强调办好厦大的重要性,并深深自责自己创办厦大是"虎头蛇尾,为义不终,抱憾无涯"。这种高尚的品格和无私的奉献精神,不仅体现了他对教育事业的深厚感情,也展现了他对国家未来的坚定信心。

新中国成立后,陈嘉庚怀着对祖国的热爱和对家乡的眷恋,又回到家乡亲自主持了厦门大学和集美学校的修建和扩建工程。他对厦大领导表示,要让万吨、十万吨的国内外轮船从东海一进入厦门,就能看到新建的厦门大学,看到新中国的新气象。这不仅是对厦门大学的期望,更是对新中国未来的信心和期待。

二、陈嘉庚自强不息办教育

2014年10月17日，在陈嘉庚140周年诞辰之际，习近平总书记给集美校友总会回信指出："他艰苦创业、自强不息的精神，以国家为重、以民族为重的品格，关心祖国建设、倾心教育事业的诚心，永远值得学习。"

1890年，年仅17岁的陈嘉庚离开故乡远赴新加坡谋生，后依靠诚以立身、俭以养德的信念和坚毅笃行、积极进取的人格特质艰苦创业，经历一番艰难拼搏，从一个渔村少年成长为东南亚华侨工商巨子。这一过程充满了艰辛和挑战，不仅充分彰显其惊人的商业成就，也从侧面印证了华夏子孙安身立命的根本。此外，陈嘉庚的一生都在不断地追求进步和超越自我。他不断学习新知识，掌握新技能，以适应时代的发展。他在商业领域不断创新，寻找新的商机，开拓新的市场。他的事业之所以能够不断发展壮大，正是因为他具备自强不息的进取精神。

陈嘉庚将其艰苦创业、自强不息的精神融入了办学的过程中。1921年，陈嘉庚创办厦门大学时即把"自强不息"定为校训，后改为"止于至善"，以后学校又将这8个字合在一起，定为校训。"自强不息"和"止于至善"这两个词，都蕴含深刻的中国传统文化内涵。"自强不息"强调个人的奋斗和进取精神，要求人们不断超越自我，追求更高的境界；"止于至善"则强调追求完美和至善的目标，要求人们在不断努力的过程中，不断接近完美的境界。这两个词合在一起，不仅成为厦门大学的校训，也成了一种精神追求和行动准则。

多年来，厦门大学培养了大批优秀人才，为国家和社会做出了巨大贡献，证明了陈嘉庚的教育理念和教育实践的成功。同时，厦门大学的成功也为中国高等教育的发展树立了典范，为培养具有创新精神和实践能力的高素质人才提供了宝贵的经验。

三、陈嘉庚兴学重教、回馈桑梓

陈嘉庚主张教育兴学，倾心教育事业，他认为"教育为立国之本，兴学乃国民天职"。从1894年在故乡集美始创"惕斋学塾"，他用了半个多世纪时间创办和资助了海内外118所学校，为中华民族教育事业贡献了全部财产，教育足迹遍布海内外，涵盖幼儿园、中小学、职业教育和大学等。

在创办和资助海内外高校的过程中，陈嘉庚不仅格外注重教育质量，对学校严格管理并监督，还亲自参与学校的规划和建设，关心学生的学习和生活，确保学校的教育质量和效果。陈嘉庚这种关注细节、注重实效的精神，使他所创办的学校在当时的中国教育界中名列前茅。陈嘉庚不仅捐资兴学，更致力于推动教育理念的更新和进步，他提倡教育应该注重实践和创新，鼓励学生独立思考和勇于探索。这种教育理念对当时的中国教育界产生了深远的影响，为中国的教育事业发展注入了新的活力。

陈嘉庚不仅关注自己的事业发展，更关心祖国的命运和民族的未来。他倾资兴学，创办了厦门大学等多所学校，为国家培养了大批优秀人才。他坚信教育是国家发展的根本，通过教育可以为国家培养更多的人才，推动国家的进步。

陈嘉庚一生都践行着爱国爱家、忠实诚信、大公无私的理念，尤其是爱国主义精神，这是"嘉庚精神"的核心，贯穿了他的一生。从兴办实业、情系桑梓，到守卫故土、抗战救国，再到支持社会主义建设、坚决维护祖国统一，陈嘉庚始终以"凡事只要以国家利益、人民利益为依归，个人成败应在所不计"为信条，对国家、对民族始终保持崇高使命感和强烈责任感。

华商巨贾不忘桑梓、回馈桑梓、造福百姓，若论及倾家兴学、育人兴国，陈嘉庚先生享誉世界，是当之无愧的"华侨旗帜、民族光辉"。伴随着琅琅书声，陈嘉庚无私办学中的回馈桑梓精神从一间间校舍里传颂到世界各地师生的心中，承继、影响、激励了一代又一代人。

第四章 新时代弘扬陈嘉庚闽商智慧

第一节　陈嘉庚闽商智慧与"一带一路"

一、"一带一路"倡议

"一带一路"倡议是中国政府提出的重大国际合作战略，旨在通过加强共建国家的基础设施建设、贸易投资和文化交流，实现共同发展繁荣。该倡议涵盖了从古代丝绸之路到现代的广泛区域，包括亚洲、欧洲、非洲等多个地区[①]。

陆上丝绸之路是古代中国与中亚、西亚以及欧洲之间的重要贸易通道。这条路线从中国的长安（今西安）出发，经过中亚各国，最终到达地中海沿岸的罗马帝国。这条路线不仅是商品交易的通道，也是文化、宗教和科技的交流之路。丝绸作为最具代表性的货物，通过这条路线传播到世界各地，因此得名"丝绸之路"。海上丝绸之路则是古代中国与世界其他地区进行经济文化交流的海上通道。这条路线从中国的沿海城市出发，经过南海、印度洋和阿拉伯海等海域，最终到达非洲东海岸和欧洲等地。海上丝绸之路的开辟，极大地促进了中国与世界的贸易往来和文化交流，也为中国带来了大量的财富和资源。

"一带一路"倡议在继承古代丝绸之路精神的基础上，注入了新的时代内涵。它强调和平合作、开放包容、互利共赢、互学互鉴的理念，致力于推动共建国家的经济繁荣、社会进步和人民福祉。通过加强基础设施建设、促进贸易投资便利化、深化人文交流等方式，推动共建国家实现共同发展繁荣。

丝绸之路经济带圈定了新疆、重庆、陕西、甘肃、宁夏、青海、内蒙古、黑龙江、吉林、辽宁、广西、云南、西藏这13个省（自治区、直辖市）。而21世纪海上丝绸之路则包括了福建、上海、广东、浙江、海南这5个省（直辖市），共计18个省（自治区、直辖市）参与。

"一带一路"倡议充分依托中国与相关国家已有的双边和多边机制，

[①] 中华人民共和国国务院新闻办公室.共建"一带一路"：构建人类命运共同体的重大实践[N].人民日报，2023-10-11（10）.

利用现有的、有效的区域合作平台，通过借用古代丝绸之路这一历史符号，高举和平发展的旗帜，致力于发展与共建国家的经济合作伙伴关系。这一倡议的目标是共同建立政治互信、经济融合、文化包容的利益共同体、命运共同体和责任共同体，以推动沿线各国实现共同发展、共同繁荣。

这一倡议的实施，不仅有利于加强中国与沿线国家的经济联系，促进贸易和投资自由化便利化，也有利于推动沿线国家的基础设施建设，提高互联互通水平，促进区域经济的整体发展。同时，通过加强文化交流与合作，增进相互理解和信任，推动构建人类命运共同体。

二、陈嘉庚闽商智慧助推"一带一路"高质量发展

陈嘉庚与"一带一路"有着深厚的渊源。陈嘉庚出生于厦门，其在中国的教育事业也主要辐射厦门及其周边地区，而厦门是"一带一路"的海陆城市枢纽，陈嘉庚闽商智慧为推进"一带一路"高质量发展提供了强大的精神力量。陈嘉庚生活过的南洋地区，也是海上丝绸之路的辐射地区，陈嘉庚在经济、教育、国家独立等方面对"一带一路"产生了巨大影响。

（一）艰苦创业、实干兴邦

陈嘉庚17岁（1890年）渡洋前往新加坡谋生，从此在新加坡开始了自己的职业生涯，并在父亲经营的顺安米店工作了14年。这段经历不仅锻炼了他的商业头脑，也为他日后的事业打下了坚实的基础。

1904年，陈嘉庚用自己的积蓄和筹集的资金，创立了菠萝罐头厂"新利川"，这是他创业生涯的重要起点。随后，他又接管了日新公司，进一步扩大了业务规模。这两个厂在短短三个月内就获得了可观的利润，可见陈嘉庚出色的商业眼光和经营能力。在当时，橡胶从巴西移植到马来亚是一个新兴的行业。陈嘉庚敏锐地抓住了这个机会，投资并大面积种植橡胶。到1925年，他已经拥有了1.5万英亩的橡胶园，成为华侨中最大的橡胶垦殖者之一，被誉为"新加坡马来西亚橡胶王的四大开拓者之一"。这一成就不仅为他带来了巨大的经济收益，也促进了当地橡胶产业的发展。

随后，陈嘉庚进一步扩大了自己的业务范围，开办了橡胶制品厂，生产橡胶鞋、轮胎和日用品等。他在国内各城市、南洋和世界各国设立了100多处分销店，将产品销往世界各地。此外，他还经营了米厂、木材厂、冰糖厂、饼干厂、皮鞋皮厂等多个

产业，厂房达30多处。在鼎盛时期，他的经营范围遍及五大洲，雇用职工达3万余人，资产高达1200万元（叻币），相当于黄金百万两。

陈嘉庚的创业历程展现了他勇于创新、敢于冒险的精神。他首创橡胶制品大规模生产方式，促进了侨居地民族工业的发展；他开辟了橡胶制品和其他制品直接输出的国际市场，打破了英国垄断资本的垄断局面；他还培养了成千上万的企业家和技术人才，为当地经济的发展做出了巨大贡献。但由于日本胶制品在东南亚的削价倾销以及资本主义世界经济危机的冲击，陈嘉庚的企业最终未能幸免于难。1934年，他的企业全部结束经营。尽管如此，陈嘉庚的创业历程和其对当地经济的贡献也将永远被人们铭记。他的故事不仅是一段商业传奇，更是一部充满智慧、勇气和担当的创业史诗。

陈嘉庚并没有将个人财富据为己有，而是全部用于教育等公益事业上。他深知教育对于国家发展的重要性，因此倾尽心血和财力，创办学校、设立奖学金、资助贫困学生等，为培养更多的人才、推动社会的进步做出了巨大贡献。

陈嘉庚的爱国精神和对教育事业的热爱，与当代企业家精神中的爱国、创新、诚信、社会责任和国际视野等高度契合。他的创业经历、实干精神和无私奉献，为"一带一路"共建国家的企业家们提供了宝贵的精神源泉和启示。

在"一带一路"倡议的推动下，各国之间的经济、文化交流日益频繁，企业家们需要具备更加开放、包容、创新的思维，同时也需要承担起更多的社会责任，为当地社会经济的发展做出贡献。陈嘉庚的精神可以激励当代企业家们勇于创新、敢于担当，为推动"一带一路"高质量发展贡献自己的力量。

（二）倾心教育、无私办学

陈嘉庚倾资兴学、无私办学的壮举是陈嘉庚闽商智慧助推"一带一路"高质量发展的重要方面。在集美学村和私立厦门大学，陈嘉庚独立担负学校的几乎所有经费。即使是在企业困厄、经济窘迫的境况下，他仍抱着"宁可企业收盘，绝不停办学校"的坚定信念，先后变卖了橡胶园、公司股本和三座别墅，他几十年如一日，倾心于发展我国的教育事业，最终成为一位具有国际影响的教育家。陈嘉庚倾资办学的伟大精神，不仅被他的亲友、同乡好友和校友所继承，而且对海内外华人和同胞产生了广泛的影响，为"一带一路"输送了一批又一批海内外优秀人才。

从事实业的经历使陈嘉庚具备了国际化、世界性的眼光，尤其是使他认识到西方经济发展中人才和教育的重要支撑作用。反观当时教育落后、人才匮乏的中国，一种以教育报国的强烈愿望便油然而生。陈嘉庚对于教育的定位是上升到"国民生计"的高度的,他认为没有良好的教育基础,就培养不出振兴实业的人才,就无法使国家摆脱内忧外患的困境,走向真正的繁荣富强。同时,陈嘉庚有感于当时福建的教育水平较为落后,从而以超前的眼光来看待兴学问题。可以说,陈嘉庚最初的办学设想来自南洋的办学经验,这些华侨学校的先进教育理念,通过陈嘉庚的筹划逐渐被引入中国。从陈嘉庚的书信中也可以发现,各类学校的筹办是一个逐渐探索形成的过程。

陈嘉庚的教育理念和实践,为我们提供了宝贵的启示:教育是国家繁荣富强的基础,只有重视教育、投入教育,才能培养出更多优秀的人才,推动国家的发展和进步。他的办学经验和先进的教育理念,不仅影响了当地的教育事业,也为"一带一路"共建国家的教育发展提供了有益的借鉴和启示。他的事迹被广泛传颂,成为推动"一带一路"高质量发展的精神动力之一。

(三)抗日救亡、爱国忠公

陈嘉庚是中国近现代史上一位杰出的爱国华侨领袖和民族企业家。他在抗日战争期间,展现出了坚定的爱国立场和卓越的领导能力,为中国的抗日救亡事业做出了巨大的贡献。[1]抗日战争爆发后,陈嘉庚领导南侨总会,动员东南亚各地华侨华人积极捐款捐物,支持祖国的抗日战争。他积极宣传抗日救国的思想,鼓励华侨华人团结一致,共同抵抗外敌的侵略。在他的影响下,东南亚华侨华人纷纷加入支援祖国抗战的行列中,为中国的抗日战争和世界反法西斯战争的胜利做出了重要的贡献。

1.以身作则,抗日救亡

作为南洋华侨中最具声望的爱国侨领,陈嘉庚先生不仅以身作则、率先垂范,积极发挥自身在侨众中的号召力和影响力,而且通过建立抗日团体、组织和领导抗日救亡运动,以及从经济上支援祖国抗战等方式,为中国的抗日战争做出了巨大的贡献。

一方面,陈嘉庚先生建立了抗日团体,组织和领导了抗日救亡运动。从1928年日本制造济南惨案开始,他就积极投身于华侨的抗日活动之中。1937年"七七"事变后,他更是积极倡导和组织了新加坡筹赈会和南侨总会,凝聚了南洋华侨的力量,为祖国的抗战事业提供了强大的支持。

另一方面,陈嘉庚在经济上给予了祖国巨大的支援。他带头捐款、购买公债,并

---

[1] 肖仕平,周煜.陈嘉庚的民族复兴意识及实践路径转变——以党百年奋斗主题为视角[J].集美大学学报(哲学社会科学版),2022,25(5):33-41.

倡导侨胞进行义捐、义卖等活动，为祖国的抗战事业筹集了大量的资金。在陈嘉庚的带动下，南洋华侨纷纷慷慨解囊，为祖国的抗战事业贡献力量。陈嘉庚对国家和民族的深切关怀，彰显了他强烈的爱国主义精神，对激励后人为建设更加公正、强大的国家而努力奋斗具有重要的启示意义。

2. 慷慨解囊，输财救国

从经济上支援抗战，是陈嘉庚等华侨同胞支援祖国抗战的重要方式之一。陈嘉庚深知经济支持对于抗战的重要性，因此通过捐款、购买公债、侨汇等多种形式，为祖国的抗战事业提供了巨大的资金支持。陈嘉庚不仅自己带头捐赠巨额资金，而且积极号召广大华侨共同参与到这一伟大的事业中来。他的呼声在华侨社会中产生了深远的影响，激发了侨胞们的爱国热情，使他们纷纷慷慨解囊，支持祖国抗战。这些资金对于战时的国民政府来说，是财政经济的重要补充，帮助国民政府缓解了财政压力，保障了抗战所需的军费、物资和民生支出，对于祖国坚持长期抗战、最终取得胜利具有重要意义。

陈嘉庚还不计利润地投资支援国内紧缺的战需物资。了解到抗战前线药品奇缺的情况后，他毫不犹豫地在新加坡筹建大型制药厂，以缓解祖国药品的紧张状况。尽管建厂计划因战争原因被迫中止，但陈嘉庚并未放弃，而是迅速调整策略，将资本转到国内，与国内企业合股成立重庆制药厂。这一举措成功解决了部分国内战时前后方缺医少药的困难，增加了抗战的力量。除了经济支援外，陈嘉庚还以身作则地领导华侨社会积极参与各种抗日救亡活动。他的高尚品质和崇高精神深深影响了广大华侨，使他们能够众志成城、共同努力支持祖国的抗战事业。在他的带领下，华侨社会的捐资输财工作得以深入发展，为祖国的抗战胜利做出了重要贡献。

陈嘉庚的这种以祖国长远利益为重、急祖国之所急的处事准则令人敬佩。他不仅具有高度的爱国情怀和责任感，而且能够迅速做出决策，采取实际行动支援祖国抗战。他的这种精神不仅激励了广大华侨和中国人民积极投身到抗战事业中来，也为我们树立了一个爱国奉献的楷模。

3. 呼吁号召，共同抗日

陈嘉庚发起了组织慰劳团以鼓励祖国同胞坚持抗战，并向侨众报告国内情况以增益义捐。通过长达10个月、行程数万公里的回国视察，陈嘉庚有机会亲自走访各战区以及重庆、延安等地，与抗日将士和各界人士交流，切实了解国内各方面的情况。在这一过程中,他不仅亲眼看见了战争的残酷和民众的苦难,也深刻感受到了不同政治派别和地区之间的差异和分歧。

面对国民党消极抗战、积极反共的态度,陈嘉庚深感忧虑。他明白,分裂只会导致国家灭亡。在延安,他看到了军民同仇敌忾、平等无阶级、团结抗战的生动景象,这让他深感欣喜,也坚定了他支持共产党的决心。

最终,陈嘉庚在这次回国慰问中明确了自己的政治立场,对国民党和蒋介石产生了失望情绪,并断定"共产党必胜,国民党必败"。这一转变不仅体现了他作为一个爱国者的独立思考和判断,也反映了他对祖国和人民的深厚感情和责任担当。值得注意的是,无论政治立场如何变化,陈嘉庚始终坚定地支持抗日战争,并积极动员海外华侨为祖国的抗战事业贡献力量。

陈嘉庚之后如实向海外华侨介绍了祖国抗战的情况和自己的切身感受。他勇敢地揭露了国民党方面的腐败和分裂行为,同时赞扬了共产党在抗战中的坚定立场和广泛的群众基础。他的言论在华侨社会中产生了深远的影响,鼓舞了海外华侨继续支持祖国抗战的信心和决心。

陈嘉庚的回国慰劳之行不仅增强了国人的民族自信心,也增进了南洋华侨与祖国人民之间的相互了解。他用自己的行动证明了,只有团结一致、共同抗战,才能取得最终的胜利。

4. 挺身而出,反对卖国

陈嘉庚作为一名坚定的爱国者,始终坚持抗战救国的立场,以国家和民族利益为重,坚决拥护祖国统一,打击任何企图分裂祖国的卖国行径。在其不平凡的一生中,他不顾个人私谊,揭露汪精卫卖国行径的伟大事迹无疑是其人生中浓墨重彩的一笔[①]。

陈嘉庚与汪精卫虽然私交甚好,但在国家大义面前,他毫不犹豫地选择了与汪精卫划清界限。他发表《南洋华侨筹赈祖国难民总会通告第二一号——为揭发国贼汪精卫之罪恶请侨胞毋为妖言所惑事》,历数汪精卫的六大罪状,并揭露了其恶意挑拨国共合作的阴谋。这份通告不仅唤起了广大华侨对汪精卫投降阴谋的警觉,也提高了他们对国家命运的关注。

在国民参政会第二次大会上,陈嘉庚虽未亲自参加,但通过提案的形式表达了对汪精卫投降活动的强烈反对。他的提案"在敌寇未退出我国土以前,公务人员任何人谈

---

① 陈蓉祯.爱国侨领陈嘉庚对祖国抗日战争的历史贡献及启示[J].长春大学学报,2016,26(3):89-92.

和平条件者，当以汉奸国贼论"虽被删改，但仍然对汪精卫的投降活动构成了有力的打击。这一提案被誉为"古今中外最伟大的一个提案"，体现了陈嘉庚对国家民族的深厚感情及其坚定立场。

陈嘉庚的勇敢行为不仅赢得了广大华侨的尊重和敬佩，也在一定程度上遏制了国民党顽固派的妥协行动。他的立场和行动表明，在国家和民族利益面前，个人私情和友谊必须让位。陈嘉庚的爱国精神和坚定立场，为反对分裂投降、维护国共合作、共同抗日做出了不可磨灭的贡献。

陈嘉庚作为华侨史上第一个把东南亚各地华侨组织在一个统一团体之内的领袖人物，对南洋华侨抗日救亡运动的组织和开展起到了关键性的作用，他的爱国情怀和无私奉献精神，激励着一代又一代人为国家的繁荣富强而努力奋斗。陈嘉庚的伟大精神与"一带一路"倡议中强调的互联互通、互利共赢的理念有着内在的契合性，为这一重要战略的推进和实施提供了宝贵的精神财富和启示，为"一带一路"的发展奠定了良好的政治基础，对"一带一路"高质量发展做出了重大贡献。

三、在共建"一带一路"中传承与弘扬陈嘉庚闽商智慧

（一）传承艰苦创业、自强不息的精神，攻坚克难促进高质量发展

传承和弘扬陈嘉庚先生所代表的艰苦创业、自强不息的精神，对于我们在当前经济全球化背景下攻坚克难、推动全球发展模式和全球治理体系的完善具有重要意义。面对贫富差距、发展鸿沟等全球性问题，我们需要以更加开放、包容和创新的姿态，汲取历史智慧，激发内生动力，推动"一带一路"倡议高质量发展。

首先，我们要重视新技术革命和产业革命带来的机遇，在数字经济、人工智能、清洁能源等重点领域精耕细作，发挥数字化信息技术的优势，促进海内外资金和项目的有效对接，实现产业资源的优化配置。这不仅有助于提升我国的科技创新能力，也能为全球经济发展注入新的活力。

其次，我们要正视我国在金融基础设施建设方面的不足，特别是在共建"一带一路"中金融服务的薄弱环节。我们要加快推进金融业双向开放，深化金融体制改革，加强金融监管合作，推动贸易投资自由化和便利化。这将有助于提升我国在国际金融体系中的地位和影响力，为共建"一带一路"提供更加坚实的金融支撑。

再次，我们要充分发挥广大华侨华人在共建"一带一路"中的独特优势。他们不仅

拥有雄厚的资金实力和先进的技术管理经验，还拥有广泛的商业网络和深厚的人脉资源。我们要鼓励华侨华人积极参与"一带一路"建设，在政策沟通、贸易畅通、资金融通、文化沟通和民心相通等方面发挥桥梁纽带作用，推动中国与世界各国的交流合作。

最后，我们要将陈嘉庚闽商智慧作为推动全球发展模式和全球治理体系完善的内生动力。这不仅是对个人奋斗和自我提升的激励，更是对国家和民族发展的责任与担当。我们要将这种智慧融入共建"一带一路"的实践中去，攻坚克难，推动全球治理体系的完善和发展模式的创新。

（二）弘扬以国家、民族为重的品格，励精图治加强华侨工作

弘扬以国家、民族为重的品格对于激励广大归侨侨眷和海外侨胞参与祖国现代化建设、促进中外交流合作具有深远意义。当前，我国拥有六千多万海外侨胞，他们是中国式现代化的重要推动者和受益者。然而，由于规模、层级等限制，陈嘉庚闽商智慧对海外华侨华人的影响力、辐射力和感召力尚显不足。为了更好地凝聚侨心、汇聚侨力，我们需要借助"一带一路"建设的伟大实践，加强海外华侨工作，提升陈嘉庚闽商智慧时代价值的国内外侨界影响力。具体而言，可以从以下几个方面着手：

第一，加强海外华侨工作的组织领导，完善工作机制。建立健全海外华侨工作的领导体制和工作机制，明确各级侨务部门的职责和任务，形成合力，共同推动海外华侨工作的深入开展。

第二，维护侨胞合法权益，为弘扬陈嘉庚闽商智慧营造良好氛围。加大对海外侨胞的关心和支持力度，积极维护他们的合法权益，为他们排忧解难。同时，通过举办各类活动，宣传陈嘉庚闽商智慧，营造崇尚爱国、团结、奉献的良好氛围。

第三，发挥海外侨胞的独特优势，促进祖国现代化建设。鼓励海外侨胞积极参与祖国的现代化建设，利用他们的资金、技术、管理等优势，推动我国的经济社会发展。同时，加强海外侨胞与祖国的联系和沟通，促进文化交流和民间友好往来。

第四，培养和选拔德才兼备的新生代侨领。重视新生代侨领的培养和选拔工作，通过举办培训班、座谈会等方式，提高他们的综合素质和领导能力。同时，加强对新生代侨领的宣传和表彰力度，激发他们的爱国热情和奉献精神。

第五，利用共建"一带一路"的机遇，推动海外华侨工作与"一带一路"倡议深度融合。通过加强与共建国家的交流合作，为海外侨胞提供更多的发展机遇和空间。同时，借助共建"一带一路"的平台，展示海外侨胞的风采和成就，提升他们的国际影响力。

总之，加强海外华侨工作、弘扬陈嘉庚闽商智慧时代价值、发挥海外侨胞的独特优势、培养和选拔新生代侨领，以及推动海外华侨工作与"一带一路"倡议深度融合等措施，可以更好地凝聚侨心、汇聚侨力、做好新时代"侨"文章，为实现中华民族伟大复兴的中国梦贡献力量。

（三）倾心教育事业的诚心，创新求强加强教育合作

赓续陈嘉庚先生关心祖国建设、倾心教育事业的诚心，对于新时代推进"一带一路"高质量发展具有重要意义。陈嘉庚先生的远见卓识和无私奉献精神，为我们提供了宝贵的启示和动力并以教育事业的兴旺发展推动共建"一带一路"高质量发展，可以从以下几个方面着手：

（1）构建"一带一路"教育共同体：通过整合多种资源，推动沿线各国在教育领域的合作与交流，实现教育资源的优化配置和共享，促进教育公平和质量的提升。

（2）资助共建国家华侨华人学生：设立奖学金、助学金等资助项目，为共建国家的华侨华人学生提供学习支持，鼓励他们回国发展，为祖国的现代化建设贡献智慧和力量。

（3）打造"一带一路"学术交流平台：建立高水平的学术交流平台，为共建国家的专家、学者提供开展学术研讨、交流的机会，促进学术成果的共享和创新。

（4）培养共建"一带一路"急需人才：根据共建国家的实际需求，制订人才培养计划，提供针对性的教育和培训项目，培养具备国际化视野和专业技能的优秀人才。

（5）加强"一带一路"建设基础研究：投入更多资源，加强基础科学研究，提高原始创新能力，为"一带一路"建设提供坚实的科技支撑。

（6）持续推进关键核心技术攻关：聚焦"一带一路"建设中的关键领域和核心技术，组织科研力量进行联合攻关，突破技术瓶颈，提升整体科技水平。

（7）促进科技创新和科技成果转化：建立科技创新和成果转化的长效机制，推动科技成果的商业化、产业化应用，为"一带一路"国家经贸发展提供有力支持。

以上措施的实施，不仅有助于加强中国与共建国家的合作与交流，促进共同发展繁荣，也有助于提升中国的国际影响力和竞争力。

四、传承与开拓的华章：厦门大学马来西亚分校的建立

陈嘉庚一生致力于教育事业，创办了厦门大学等众多学府。他的教育理念和爱国情怀犹如一盏璀璨的明灯，照亮了无数学子的求知之路。时光流转，陈嘉庚的教育理念和精神犹如一颗生命力顽强的种子，在岁月的滋养下，不断生根发芽、开枝散叶。在新世纪的曙光中，这颗种子跨越国界，随着"一带一路"的脚步，在马来西亚的土地上绽放出绚烂的花朵——厦门大学马来西亚分校。

厦门大学马来西亚分校的建立并非偶然，而是陈嘉庚教育精神的传承与开拓。在全球化的浪潮下，教育的交流与合作日益频繁，为了让更多的学子能够接受优质的教育，传承中华优秀传统文化，推动国际教育的融合与发展，建立厦门大学马来西亚分校的构想逐渐成形。厦门大学马来西亚分校的筹备工作面临着诸多挑战，从选址规划到资金筹集，从师资招聘到课程设置，每一个环节都充满了艰辛与不易。然而，陈嘉庚坚韧不拔的精神始终激励着参与其中的每一个人。他们不辞辛劳，四处奔走，寻求各方的支持与合作。

厦门大学马来西亚分校的建设工作始终贯彻陈嘉庚重视教育质量的原则，精心设计了现代化的教学设施，配备了先进的实验设备和图书馆资源，为学生提供了良好的学习环境。同时，高度重视师资队伍的建设，吸引了来自世界各地的优秀教师，他们不仅具备深厚的学术造诣，更有着丰富的教学经验和对教育事业的无限热情。

课程设置上，厦门大学马来西亚分校充分融合了中西方教育的优势，既注重传承中华优秀传统文化的精髓，开设了汉语、中国历史、传统文化等课程，又积极引入国际先进的教育理念和课程体系，培养学生的国际视野和创新能力。

厦门大学马来西亚分校的建立，不仅为当地学子提供了优质的教育资源，也促进了中马两国的文化交流与合作。学生们在这里相互学习、共同成长，结下了深厚的友谊。

如今，厦门大学马来西亚分校已成为当地教育领域的一颗新星，吸引着众多学子慕名而来。陈嘉庚的教育理念在"一带一路"的土地上得以延续和发扬光大，他的精神激励着一代又一代的教育工作者和学子们，为推动教育事业的发展、促进人类文明的进步而不懈努力。

第二节 陈嘉庚闽商智慧与乡村振兴

一、乡村振兴战略

乡村振兴战略是中国政府在新时代背景下，为了促进农业农村现代化、提高农民生活水平而提出的重要战略。自2017年党的十九大报告正式提出以来，乡村振兴战略得到了党和国家的高度重视和大力推进。在政策的推动下，中共中央、国务院连续发布中央一号文件，对乡村振兴进行全面规划和部署。这些文件不仅强调了乡村振兴的重要性，还提出了具体的实施措施和目标，为各地区各部门开展乡村振兴工作提供了指导。

其中，《乡村振兴战略规划（2018—2022年）》是指导当前和今后一个时期乡村全面振兴的重要文件。它提出了坚持农业农村优先发展的总方针，以产业兴旺、生态宜居、乡风文明、治理有效、生活富裕为总要求，建立健全城乡融合发展体制机制和政策体系，统筹推进农村经济建设、政治建设、文化建设、社会建设、生态文明建设和党的建设。[①] 在乡村振兴战略的实施过程中，巩固拓展脱贫攻坚成果同乡村振兴有效衔接是一项重要工作。为此，中共中央、国务院发布了《关于实现巩固拓展脱贫攻坚成果同乡村振兴有效衔接的意见》，提出了重点工作，确保脱贫攻坚成果得到巩固，同时为乡村振兴打下坚实基础。

此外，为了保障乡村振兴战略的顺利实施，中国政府还加强了法治建设。2021年4月29日，十三届全国人大常委会第二十八次会议表决通过了《中华人民共和国乡村振兴促进法》，为乡村振兴提供了法律保障。同时，司法部也印发了《"乡村振兴　法治同行"活动方案》，推动法治乡村建设。从2022年全国两会的调查结果来看，乡村振兴依然是一个备受关注的话题，人们对于乡村振兴战略始终保持高度重视和期待。未来，中国政府将继续加大投入力度，推动乡村振兴战略的深入实施，为实现农业农村现代化、提高农民生活水平做出更大贡献。

乡村是具有自然、社会、经济特征的地域综合体，兼具生产、生活、

---
① 张月梅，臧雪莹.乡村振兴战略下美丽乡村建设路径探索[J].经济研究导刊，2024（3）：1-4.

生态、文化等多重功能，与城镇互促互进、共生共存，共同构成人类活动的主要空间。乡村兴则国家兴，乡村衰则国家衰。我国人民日益增长的美好生活需要和不平衡不充分的发展之间的矛盾在乡村最为突出，我国仍处于并将长期处于社会主义初级阶段，它的特征很大程度上表现在乡村。全面建设小康社会和全面建成社会主义现代化强国，最艰巨最繁重的任务在农村，最广泛最深厚的基础在农村，最大的潜力和后劲也在农村。实施乡村振兴战略，是解决新时代我国社会主要矛盾、实现"两个一百年"奋斗目标和中华民族伟大复兴中国梦的必然要求，具有重大现实意义和深远历史意义。

实施乡村振兴战略是建设现代化经济体系的重要基础，是建设美丽中国的关键举措，是传承中华优秀传统文化的有效途径，是健全现代社会治理格局的固本之策，是实现全体人民共同富裕的必然选择。

二、陈嘉庚闽商智慧助推乡村振兴高质量发展

（一）实业兴国

习近平总书记对陈嘉庚的爱国担当精神给予了高度评价，认为他是"爱国企业家的典范"。陈嘉庚是有担当的爱国企业家的杰出代表，他的一生都在践行尽国民天职、振兴祖国、服务社会的职业志向。他经营实业，并非单纯追求个人私利，而是希望通过实业发展，提升国家经济实力，培养优秀人才，进而推动教育事业的进步，提高国民的整体素质。这种高尚的爱国情怀和无私奉献的精神，正是陈嘉庚闽商智慧的核心所在。

陈嘉庚认为，爱国有多种实现形式，但首要的是办好一流企业，带领企业奋力拼搏、力争一流，实现更高质量、更高效益、更强竞争力、更大影响力的发展，以实业兴国。这种理念不仅体现了他对企业发展的深刻理解，也展现了他对国家、对民族的崇高使命感和强烈责任感。

在新时代新征程上，弘扬陈嘉庚闽商智慧具有重要的时代意义。它不仅能够增强全民族的自信心和自豪感，坚定"四个自信"，还能够凝聚起万众一心、共克时艰、奋力向前的民族向心力，对于全面推进乡村振兴、实现中华民族伟大复兴具有重要的意义。

（二）诚信

诚信坚毅作为陈嘉庚闽商智慧的核心组成部分，不仅是对个人品质的极高要求，也是激励海内外中华儿女团结一心、共同奋斗的重要精神力量。诚信是每个人都应当

遵守的基本道德规范。在实施乡村振兴战略的过程中，大力加强乡村诚信文化建设，能够让诚信之花在乡村盛开，使广大农村群体更加重视遵纪守法、诚实守信，切实发挥乡村诚信文化的教育、引导和服务功能。良好的诚信文化是乡村振兴的基本保障。只有大力加强乡村诚信文化建设，才能使广大农村群众办诚信事、说诚信话，进而营造良好的农村信用环境，为产业振兴、人才振兴等创造更为有利的环境，不断推动乡村振兴战略的深入开展。

业无信不兴。大力加强乡村诚信文化建设，还能够推动乡村产业振兴。在发展乡村旅游产业的过程中，通过加强乡村诚信文化建设，可以使乡村旅游更具有吸引力，淳朴的民风也会感染和打动更多的游客，这对于提高乡村旅游产业的吸引力、影响力和竞争力都能起到十分重要的支撑作用。

因而，弘扬陈嘉庚闽商智慧中的诚信精神，在推动乡村振兴战略实施的过程中能够起到积极的作用，在此基础上采取有效措施，将乡村诚信文化建设融入乡村振兴战略当中，使人民群众的信用获得感、幸福感和安全感不断增强，推动乡村振兴战略实现新突破。

（三）勤俭节约

勤俭节约是中华民族的传统美德，也是陈嘉庚闽商智慧助推乡村振兴高质量发展的坚强动力。陈嘉庚先生不仅是中国近代的著名教育家、企业家、慈善家，也是一位深具远见和卓越品质的伟人。他的一生，是对"勤俭节约"这一中华民族传统美德的最好诠释。陈嘉庚以诚信勤俭办教育公益，他深知教育的力量，倾尽毕生心血和财力，创办了多所学校和机构，为中国的教育事业做出了巨大贡献。他的勤俭办学不仅体现在资金的筹措和使用上，更体现在他对教育事业的执着追求和无私奉献上。

在助推乡村振兴高质量发展的道路上，勤俭节约的精神同样具有重要意义。乡村振兴需要大量的资金投入和资源支持，而勤俭节约则是实现这一目标的重要保障。通过节约资源、降低成本、提高效率，可以更好地利用有限的资源，推动乡村经济的发展和社会的进步。

（四）改革创新

陈嘉庚不仅以其实业兴国、诚信、勤俭节约的精神被后世铭记，更因其勇于改革、敢于创新的实践成为乡村振兴的动力源泉。陈嘉庚的故事告诉我们，改革创新精神是推动社会进步、实现乡村振兴的关键力量。

陈嘉庚自幼随父从商，经历家道中落后，他凭借自己的勤奋和智慧，在东南亚商界崭露头角，最终成为东南亚华侨最大的实业家之一。他的成功并非偶然，而是源于他不断改革、勇于创新的精神。在创办和经营菠萝罐头厂时，他并未盲目跟随市场潮流，而是深入调研，根据市场需求调整产品策略，成功打开了市场。此后，他又对传统的生产成本核算方式进行改革，大大提高了生产效率和市场竞争力。

在捐资兴学、投身教育的过程中，陈嘉庚同样展现了他的改革创新精神。他重视女子教育，打破封建陈规陋习，开办女子小学；他重视航海人才培养，创办水产航海学校；他还重视职业教育，为国家培养了大量职业技术人才。这些教育理念和教育实践，在当时无疑是教育领域的创新之举，对后世产生了深远的影响。

乡村振兴的实践中，我们需要不断改革、勇于创新，探索适合当地发展的新模式、新路径。同时，我们也要将这种精神融入日常生活中，从自身做起，培养勤俭节约、勇于创新的良好品质。

三、在乡村振兴建设中传承与弘扬陈嘉庚闽商智慧

新征程上，要继续传承与弘扬陈嘉庚闽商智慧，助力新时代乡村振兴建设。具体而言可以从以下四个方面分别进行阐述。

（一）坚持党的集中统一领导，有力推进乡村全面振兴"路线图"

陈嘉庚先生一生秉持爱国忠公的精神，无论是在海外拼搏的早年，还是晚年投身于国家建设与教育事业，都始终心系家国天下，展现了一个华侨对祖国的深厚情感与责任担当。在当前乡村振兴的大背景下，我们应当继承和发扬陈嘉庚先生的爱国忠公的精神，坚持党的集中统一领导，有力有效地推进乡村全面振兴的"路线图"。

乡村全面振兴的"路线图"已经清晰绘就，其中关键的一环是坚持并加强党对"三农"工作的全面领导。基层党组织作为党的战斗堡垒，要发挥其在乡村振兴中的核心作用，确保党的政策方针在乡村得到有效贯彻。

在推进乡村全面振兴的过程中，我们要坚持以人民为中心的发展思想，将群众的需求和利益放在首位。完整、准确、全面贯彻新发展理念，因地制宜、分类施策，确保每一项政策都能精准对接乡村发展的实际需求。同时，要循序渐进、久久为功，以持续的努力和不懈的奋斗，确保乡村全面振兴取得实质性进展和阶段性成果。

在这个过程中，我们需要上下一心、内外兼顾，形成良好的协同机制。政府部门要发挥主导作用，加强政策引导和资源整合；乡村居民要积极参与，发挥主体作用，共同推动乡村的全面振兴。同时，既要注重乡村内部的发展，也要加强乡村与城市、乡村与乡村之间的合作与交流，形成优势互补、共同发展的良好局面。

总之，我们要坚持党的集中统一领导，有力有效地推进乡村全面振兴的"路线图"。通过加强党的领导、发挥基层党组织的战斗堡垒作用、学习运用成功经验、坚持以人民为中心的发展思想、因地制宜分类施策以及形成良好协同机制等措施，我们将不断取得乡村全面振兴的实质性进展和阶段性成果。

（二）坚持共商共建共享，全面提升乡村建设与乡村治理水平

陈嘉庚以诚实守信为立业之本，以艰苦奋斗为人生底色，赤手空拳创办各项事业，其诚信坚毅的精神品质不仅成就了他个人的辉煌，更为我们提供了宝贵的精神财富。在全面推进乡村振兴的当下，我们应当继续发扬陈嘉庚的这种精神，以"诚信"和"诚心"开展务实合作，全面提升乡村建设与乡村治理水平。

1. 诚信坚毅引领乡村建设

在乡村建设方面，我们要增强乡村规划的引领效能，确保乡村建设有序进行。同时，要深入实施农村人居环境整治提升行动，让乡村更加宜居宜业。此外，推进农村基础设施补短板、完善农村公共服务体系、加强农村生态文明建设、促进县域城乡融合发展等也是重要任务。这些工作的推进，需要我们保持诚信坚毅的精神，以实际行动践行对乡村发展的承诺。

2. 共商共建共享提升乡村治理

在乡村治理方面，我们要坚持共商共建共享的原则，确保乡村治理的民主性和有效性。通过抓党建促乡村振兴，我们要加强基层党组织建设，发挥其在乡村治理中的核心作用。同时，繁荣发展乡村文化、持续推进农村移风易俗、建设平安乡村等也是提升乡村治理水平的重要方面。这些工作的推进，需要我们以诚信坚毅的精神为支撑，确保每一项措施都能落到实处、见到实效。

3. 诚信坚毅的实际应用

在全面推进乡村振兴的过程中，我们要将陈嘉庚的诚信坚毅精神转化为具体行动。这包括加大政策宣传和执行力度，确保各项政策能够真正惠及乡村居民；加强乡村规划和建设管理，确保乡村建设有序进行；加强乡村治理体系建设，确保乡村治理的民

主性和有效性。通过这些具体行动,我们将能够不断提升乡村建设和治理水平,为乡村振兴注入强大的精神动力。

(三)引领乡村振兴工作作风

陈嘉庚以刚正不阿、勤俭清廉著称,他坚决拒绝不当得利,将所有收入用于公益事业,生活艰苦朴素,展现了极高的道德品质和职业操守。在乡村振兴战略的推进过程中,我们需要继承和发扬陈嘉庚的勤俭清廉的精神,坚持建设廉洁之路,推动从谋篇布局到精耕细作的完美转变。

1.建设廉洁之路,确保乡村振兴行稳致远

乡村振兴,作为实现中华民族伟大复兴的重要战略之一,其成功推进离不开廉洁自律的坚实保障。受陈嘉庚勤俭清廉精神的启发,在乡村振兴的实践中,我们要继承并发扬这种精神,将其转化为推动乡村振兴的强大动力,融入乡村振兴的全过程,确保每一步都走得稳健、深远。陈嘉庚闽商智慧,不仅代表了一种勤俭、清廉的品质,更体现了一种对国家和民族深深的责任和担当。

首先,健全廉洁合规制度体系。制度是廉洁建设的基石,只有建立了完善的制度框架,才能确保各项政策、项目得以在公正、透明的环境中实施。我们要明确各级干部的职责和权力范围,规范工作流程和决策程序,让权力在阳光下运行。

其次,强化反腐败工作。腐败是乡村振兴的大敌,我们要坚决遏制腐败现象的滋生和蔓延。要建立健全反腐败工作机制,加强对干部的监督和管理,严肃查处各类腐败行为,确保乡村振兴的每一分投入都能落到实处。

最后,确保政策执行的公正性和项目推进的透明性。乡村振兴的每一项政策、每一个项目都关乎广大农民的切身利益,我们要始终坚持公开、公平、公正的原则,让政策在阳光下运行,让项目在阳光下推进。要及时公布相关信息,接受社会监督,确保乡村振兴的各项工作都能得到群众的认可和支持。

2.勤俭清廉,引领乡村振兴工作作风

在乡村振兴的伟大实践中,需要深入继承和发扬陈嘉庚先生所倡导的勤俭清廉精神。这种精神不仅是我们宝贵的文化遗产,更是推动乡村振兴工作不断前进的重要动力。

我们要深刻理解勤俭清廉精神的内涵。勤俭,意味着在资源有限的情况下,我们要精打细算,合理利用每一份资源,避免浪费。清廉,则要求我们坚守道德底线,廉洁自律，确保公共资源的公正合理分配。

在乡村振兴的具体工作中，我们要将这种精神贯彻到每一个细节中。在资金使用上，要建立严格的预算制度，合理规划资金的使用，确保每一分钱都花在刀刃上。同时，要加强对资金的监管和审计，防止腐败和浪费现象的发生。除了资金管理，我们还要注重工作的细致性和效率。乡村振兴是一项系统工程，涉及各个方面的工作。我们要从点滴做起，关注每一个细节，不断提升工作的质量和效率。这需要我们加强学习和培训，不断提升自己的业务能力和综合素质。

此外，我们还要积极倡导和践行勤俭清廉的价值观。通过宣传和教育活动，让更多的人了解并认同这种价值观，形成全社会共同参与的良好氛围。这样不仅可以推动乡村振兴工作的深入开展，还可以促进社会的和谐稳定和可持续发展。

总之，继承和发扬勤俭清廉精神是乡村振兴工作的重要任务之一。我们要将这种精神贯穿到工作的始终，不断提升工作能力和水平，为乡村振兴事业贡献力量。

（四）坚持制度型开放，高标准高质量推动共建开放型世界经济

陈嘉庚以改革创新的精神在海外艰苦创业，最终发迹南洋，成为一代实业家。在担任全国政协副主席期间，他更是提倡移风易俗，提出了一系列社会改革主张。在新时代的乡村振兴建设中，我们要发扬陈嘉庚闽商智慧中的改革创新精神，坚持制度型开放，高标准高质量推动共建开放型世界经济，特别是在乡村振兴战略的实施中，注入新的活力。

1. 夯实共建平台，优化农村空间布局

乡村振兴的首要任务是夯实共建平台，优化农村空间布局。我们要深化农村土地制度改革，合理安排生产、生活、生态空间，为农村经济的可持续发展奠定坚实基础。同时，通过规划引领，整合农村资源，打造一批具有地方特色的农业产业园区，提升农业产业集聚效应。

2. 壮大创新人才队伍，提升人才支撑能力

习近平总书记指出："推动乡村全面振兴，关键靠人。"我们要坚持培养与引进相结合，拓宽乡村人才来源，构建高素质农民教育培训体系。通过整合农业科研院所、涉农院校、农业龙头企业等资源，培养一批有技术、懂管理、善经营的高素质新型农民。同时，优化人才政策，深化乡村人才培养、引进、管理、使用、流动、激励等制度改革，吸引更多有文化、有能力、有技术、有情怀的创新人才投身乡村振兴事业。

3. 营造良好创新环境，激发农村市场活力

推动乡村全面振兴需要良好的创新环境。我们要坚持因地制宜、凸显区域特色，整合农村分散资源，推进农村特色创新创业园区、孵化实训基地建设。通过优化服务平台、完善服务清单、细化办事指南、简化办事流程、提升办事效率等措施，激发农村市场活力和社会创造力。同时，加大政策保障和体制机制创新力度，增强政策的针对性、有效性、连续性，为农村创新发展提供有力支持。

4. 强化科技创新赋能，推动农业农村现代化

科技创新是乡村振兴的重要驱动力。我们要充分发挥网络、数据等新一代信息技术的作用，激活农村要素资源，激发农村发展内生动力。在农业生产领域，促进新一代信息技术与种植业、畜牧业、渔业等全面深度融合，实现智能生产决策。在农产品销售领域，加强农产品包装、冷链、仓储、物流等配套设施建设，推动人工智能、大数据赋能农村实体店。在农村新兴产业领域，推动互联网与特色农业深度融合，发展创意农业、观光农业、都市农业等新业态，为乡村经济振兴注入新动力。

总之，聚焦关键问题，以改革创新为动力，扎实推进农业农村现代化，是全面推进乡村振兴、加快建设农业强国的必由之路。我们要继承和发扬陈嘉庚的闽商创新智慧，不断探索和实践，为乡村振兴贡献智慧和力量。

第三节 陈嘉庚闽商智慧与社会公益事业

一、新时代下的社会公益理念

社会公益理念是指将公共利益置于首位的观念，它涵盖了多个方面，旨在通过集体行动和个人贡献来改善社会环境、增进社会公平和福祉。新时代下的社会公益理念主要包括以下几个方面。

（一）平等与公正

（1）强调每个人都有相同的机会和待遇，不论其身份、种族、性别、宗教或其他因素。

（2）要求资源分配和决策过程是公平合理的，致力于消除不平等现象，确保每个人都能享有平等的权利和机会。

（二）爱心与同情

（1）体现对他人痛苦和困难的关心，激发人们去帮助那些需要帮助的人。

（2）通过志愿服务、捐赠、慈善项目等方式，传递爱心和温暖，改善他人的生活。

（三）社会责任

（1）个人和组织都应承担对社会的责任，关心环境可持续性、支持教育、提供医疗援助、改善贫困地区的生活条件等。

（2）积极参与解决社会问题，为社会的整体发展做出贡献。

（四）合作与团结

（1）公益活动需要各方合作与团结，不同的组织、个人和社区共同努力，汇聚资源和力量，以实现更大的影响力。

（2）合作能够促进信息共享、提高效率，并推动更广泛的社会变革。

（五）可持续发展

（1）强调长期的、可持续的解决方案，不仅解决当前问题，还要考虑到未来的影响。

（2）涉及环境保护、资源管理、社区发展等方面，确保公益行动的效果能够持续和增强。

（六）教育与赋能

（1）通过教育和培训赋予人们能力和技能，帮助他们实现自我发展、提高自主解决问题的能力。

（2）提供教育资源、职业培训、领导力培养等，促进个人和社区的成长。

（七）尊重与包容

（1）尊重他人的差异和多样性，包容不同的观点、文化和背景。

（2）促进相互理解和和谐共处，建立一个更加包容和平等的社会。

（八）透明与诚信

（1）公益组织和活动应保持透明和诚信，公开财务信息、项目进展和决策过程。

（2）透明性有助于确保资源的合理使用和防止腐败，增加公众的信任和支持。

社会公益理念体现了对公共利益和社会责任的关注，强调平等、公正、爱心、同情、社会责任、合作、可持续发展、教育、尊重和包容等价值观，是推动社会进步和发展的重要力量。

二、陈嘉庚闽商智慧凝聚社会公益事业力量

陈嘉庚闽商智慧在社会公益事业中扮演着举足轻重的角色，在凝聚社会公益事业力量方面发挥着重要作用。

（一）引领与示范

1. 教育领域的引领

陈嘉庚深知教育对于国家进步的重要性，因此他倾尽全力支持教育事业，不惜变卖家产，建立了多所学校和教育机构，为家乡和国家的教育事业做出了巨大贡献。例如，陈嘉庚捐资兴办的厦门大学，为中国的教育事业树立了典范。厦门大学自成立以来，为国家培养了数以万计的优秀人才，为国家的繁荣和发展提供了充足的后备力量。此外，陈嘉庚还捐资设立了多个教育基金和慈善机构，用于支持贫困学生的教育和弱势群体的生活。这些基金和机构通过资助贫困学生、改善教育设施、提供医疗援助等方式，为社会的公平和谐做出了积极贡献。陈嘉庚的慈善行为不仅直接促进了教育的发展，更在全社会范围内树立了重视教育、支持教育的典范。

2. 社会公益的示范

陈嘉庚的慈善行为不仅体现在教育事业中，也涵盖了医疗、社会救济等多个领域。例如，在医疗领域，陈嘉庚倡议并集资创办了同安公立医院（后更名为同民医院），旨在为家乡人民提供优质的医疗服务，在医院开诊后给予了极大的关注和支持，多次回到同民医院视察，关心医院的发展建设，并通过各种方式鼓励和支持医院的各项工作。在抗战时期，陈嘉庚积极组织华侨为前线将士捐献药品。他在新加坡和重庆投资设立制药厂，直接为前线供应药品，支持中国的抗战事业。除了药品外，陈嘉庚还组织各地筹赈会为前方将士捐献寒衣、卡车等物资，以改善他们的生活条件和医疗条件。

陈嘉庚对教育、医疗、社会救济等多个领域的深入关注和积极投入使得中国社会公益事业得以全面展开。他向社会传递了慈善、奉献的价值观，激励更多的人参与到社会公益事业中来，共同为国家进步和发展奉献力量。

（二）创新与进取

1. 慈善模式的创新

陈嘉庚在慈善事业中不断探索新的模式和方法。例如，陈嘉庚在募捐方法和方式上颇具见地，他提出捐款方式可以多种多样，以吸引更多人参与慈善事业。他提出的捐款方式包括特别捐、常月捐、节日献金捐、货物助赈捐、纪念日劝捐、卖花卖物捐、游艺演剧球赛捐、舟车小贩助赈捐、迎神拜香演戏捐等。多样化的募捐方式在一定程度上弥补了传统慈善行为难以持续的不足。这种创新精神不仅推动了慈善事业的发展，还为社会公益事业注入了新的活力，使得社会公益事业能够更好地适应时代的需求和挑战。

2. 教育方法的创新

陈嘉庚注重教育方法的创新，他提倡科学的教学方法和管理模式，致力于提高教育质量。例如，在创办集美学校时，陈嘉庚提出了德智体"三育并重"的教育思想，强调知识、思想、能力、品格、体育、园艺、音乐等均须注重，这与新时代立德树人的教育根本任务、"德智体美劳"全面发展的育人观不谋而合。这些创新不仅在当时产生了深远的影响，也为后来的教育事业发展提供了宝贵的经验和启示。

（三）跨界合作与资源整合

1. 跨界合作

陈嘉庚在推动慈善事业的过程中，积极寻求跨界合作的机会。他联合政府、企业、社会团体和个人等各方力量，共同推动慈善事业的发展。例如，陈嘉庚与世界书局进行了成功的商业合作，不仅为陈嘉庚的橡胶制品提供了更广泛的销售渠道，也为世界书局的出版物在南洋地区的推广创造了条件。他通过这种合作为自己的商业活动积累财富，然后将这些财富用于支持教育、医疗等公益事业。这种跨界合作精神使得慈善事业在更广泛的范围内开展，形成了强大的合力。

2.资源的有效整合

陈嘉庚通过整合各方资源，实现了慈善资金、人力、物力等资源的有效配置和利用。陈嘉庚出色的资源整合能力不仅提高了慈善事业的效率，也为社会公益事业的发展提供了坚实的保障。

陈嘉庚通过引领与示范、创新与进取、跨界合作等方面，凝聚了"社会公益事业"的力量，为社会公益事业的发展提供了强大的精神动力和支持，将继续激励着更多的人参与到社会公益事业中来，共同为社会的进步和发展贡献力量。

三、在社会公益事业建设中传承与弘扬陈嘉庚闽商智慧

在新时代"社会公益事业"建设中，传承与弘扬陈嘉庚闽商智慧，对于推动社会公益事业的蓬勃发展具有重要意义。在新时代社会公益事业建设中，我们可以做到以下几点。

（一）坚守公益初心，强化社会责任

嘉庚精神的核心是爱国、奉献和社会责任。在新时代社会公益事业建设中，我们要坚守公益初心，将社会责任放在首位。通过设立公益基金、参与志愿服务、支持弱势群体等方式，积极投身社会公益事业，为社会和谐稳定贡献力量。

（二）注重资源整合，提高公益效率

陈嘉庚一生致力于资源整合，优化资源配置，推动社会公益事业的发展。在新时代，我们要继续发扬这一精神，注重资源整合，提高公益效率。通过加强与政府、企业、社会团体的合作，共同推动社会公益事业的发展。同时，也要注重创新公益模式，提高公益项目的针对性和实效性。

（三）倡导诚信为本，树立良好形象

陈嘉庚一生无论经商创业还是为人处事，一贯秉持诚信的原则。这要求我们在社会公益事业建设中，要以诚信为本，严格遵守公益法规，确保公益项目的公开、透明

和合规。同时，也要注重培养公益人才的诚信品质，树立社会公益事业的良好形象。

（四）弘扬勤俭精神，推动可持续发展

勤俭精神，要求我们在社会公益事业建设中要勤俭节约、注重实效。我们要坚持勤俭办公益的原则，注重公益项目的成本效益分析，避免浪费和奢侈。同时，也要注重推动社会公益事业的可持续发展，为子孙后代留下更多的公益财富。

（五）勇于创新实践，探索公益新路径

创新精神，要求我们在社会公益事业建设中要勇于探索、敢于创新。我们要紧密结合新时代的特点和需求，积极探索公益新路径、新模式和新方法。同时，也要注重培养公益人才的创新意识和创新能力，推动社会公益事业的创新发展。

总之，在新时代社会公益事业建设中传承与弘扬嘉庚精神，需要我们从多个方面入手，坚守公益初心、注重资源整合、倡导诚信为本、弘扬勤俭精神、勇于创新实践。只有这样，才能更好地推动社会公益事业的蓬勃发展，为实现中华民族伟大复兴的中国梦贡献力量。

第四节 陈嘉庚闽商智慧与企业家精神

一、新时代下的企业家精神内涵

企业家精神是企业家组织建立和经营管理企业的综合才能的表述方式，它是一种重要而特殊的无形生产要素。

（一）创新是企业家精神的灵魂

创新是企业家活动的典型特征，从产品创新到技术创新、市场创新、组织形式创新等等。创新精神的实质是"做不同的事，而不是将已经做过的事做得更好一些"。所以，具有创新精神的企业家更像一位充满激情的艺术家。

（二）冒险是企业家精神的天性

没有甘冒风险和承担风险的魄力，就不可能成为企业家。企业创新风险是二进制的，要么成功，要么失败，只能对冲不能交易，没有别的第三条道路。美国 3M 公司有一个很有价值的口号："为了发现王子，你必须和无数个青蛙接吻。""接吻青蛙"常常意味着冒险与失败，但是"如果你不想犯错误，那么什么也别干"。同样，对 1939 年在美国硅谷成立的惠普，1946 年在日本东京成立的索尼，1976 年在中国台湾成立的宏碁，1984 年分别在北京、青岛成立的联想和海尔等众多企业而言，虽然它们的创始人的生长环境、成长背景和创业机缘各不相同，但无一例外，都是在条件极不成熟和外部环境极不明晰的情况下，第一个跳出来吃螃蟹的。

（三）合作是企业家精神的精华

正如艾伯特·赫希曼所言：企业家在重大决策中实行集体行为而非个人行为。尽管伟大的企业家表面上常常是一个人的表演，但真正的企业家其实是擅长合作的，而且这种合作精神需要扩展到企业的每个员工。企业家既不可能也没有必要成为一个"超人"，但企业家应努力成为"蜘蛛人"。要有非常强的"结网"的能力和意识。西门子就是一个例证，这家公司秉承员工为"企业内部的企业家"的理念，开发员工的潜质。在这个过程中，经理人充当教练角色，让员工进行合作，并为其合理的目标定位实施引导,同时给予足够的施展空间,并及时予以鼓励。西门子公司因此获得了令人羡慕的产品创新纪录和成长纪录。

(四)敬业是企业家精神的动力

马克斯·韦伯在《新教伦理与资本主义精神》中写道:"这种需要人们不停地工作的事业,成为他们生活中不可或缺的组成部分。事实上,这是唯一可能的动机。但与此同时,从个人幸福的观点来看,它表述了这类生活是如此的不合理:在生活中,一个人为了他的事业才生存,而不是为了他的生存才经营事业。"货币只是成功的标志之一,对事业的忠诚和责任才是企业家的"顶峰体验"和不竭动力。

(五)学习是企业家精神的关键

荀子曰:"学不可以已。"彼得·圣吉在其名著《第五项修炼》中说道:"真正的学习,涉及人之所以为人此一意义的核心。"学习与智商相辅相成,从系统思考的角度来看,从企业家到整个企业必须是持续学习、全员学习、团队学习和终身学习。日本企业的学习精神尤为可贵,他们向爱德华兹·戴明学习质量和品牌管理,向约琴夫·朱兰学习组织生产,向彼得·德鲁克学习市场营销及管理。同样,美国企业也在虚心学习企业流程再造和扁平化组织。

(六)执着是企业家精神的本色

英特尔总裁葛洛夫有句名言:"只有偏执狂才能生存。"这意味着在遵循摩尔定律的信息时代,只有坚持不懈、持续不断地创新,以夸父追日般的执着,咬定青山不放松,才可能稳操胜券。在发生经济危机时,资本家可以变卖股票退出企业,劳动者亦可以退出企业,而企业家是唯一不能退出企业的人。正所谓"锲而不舍,金石可镂;锲而舍之,朽木不折"。20世纪80年代,诺基亚涉足移动通信,90年代初芬兰出现严重经济危机,诺基亚亦遭到重创,股票市值缩水了50%。在此生死存亡关头,诺基亚非但没有退却,反而毅然决定变卖其他产业,集中公司全部的资源专攻移动通信。到1998年,诺基亚成为全球最大的手机厂商。

(七)诚信是企业家精神的基石

诚信是企业家的立身之本,企业家在修炼领导艺术的所有原则中,诚信是绝对不能摒弃的原则。市场经济是法治经济,更是信用经济、诚信经济。没有诚信的商业社会,将充满道德风险,显著抬高交易成本,造成社会资源的巨大浪费。其实,凡勃伦在其名著《企业论》中早就指出:有远见的企业家非常重视包括诚信在内的商誉。诺贝尔经济学奖得主弗利曼更是明确指出："企业家只有一个责任，就是在符合游戏规则下，运用生产资源从事利润的活动，亦即须从事公开和自由的竞争，不能有欺瞒和诈欺。"

二、新时代加强创业创新

新时代加强创业创新具有重要的现实意义和深远的历史意义。弘扬创业创新精神，不仅能够鼓励更多人投身创业创新实践，有助于激发市场活力，推动新技术、新产业、新业态的涌现，进而促进经济发展，还有助于培养具有创新精神、创业能力和社会责任感的新时代创新创业人才，为国家的繁荣富强提供有力的人才支撑。

改革开放以来，我国经济发展取得举世瞩目的成就，其中一个重要的原因，就是广大企业家发挥创新精神，勇于推动生产组织创新、技术创新、市场创新。当前，世界正经历百年未有之大变局，经济全球化遭遇逆流，保护主义、单边主义上升，世界经济低迷。我国正处于实现中华民族伟大复兴的关键时期，经济正处在转变发展方式、优化经济结构、转换增长动力的攻关期，实现高质量发展还有许多短板弱项。危中有机，唯创新者胜。我们需要认识到，越是这个时候，越需要广大企业家弘扬创新精神，敢为天下先，努力把企业打造成强大的创新主体，战胜风险挑战，实现高质量发展。

弘扬陈嘉庚闽商创新创业精神，提升企业家的创新能力，我们可以从优化社会舆论环境、社会文化环境，以及提升企业家创新意识和创新能力、拓宽企业家国际视野等方面着手，多措并举，使企业家乐于创新、勇于创新、敢于创新。

一是积极打造激励企业家创新的社会舆论环境。要广泛宣传企业家的创新故事，同时监督和批评抄袭、侵权等不良行为，在企业家群体中形成创新光荣的氛围，从社会舆论上激励企业家弘扬创新精神。

二是不断涵养支持企业家创新的社会文化环境。创新是对未知领域的探索活动，创新活动中充满了各种风险。从创新设想到取得商业上的成功，企业家需要跨越许多困难和障碍。我们要更好地鼓励企业家创新，就需要改变"成者为王，败者为寇"的传统观念，深刻认识"失败是成功之母"的含义，明确没有多次失败就难以实现最后成功的过程。因此，营造宽容创新失败的氛围，积极培育容忍试错、宽容失败、扶持失败者再次创新创业创造的社会文化环境，以此激励企业家创新。

三是大力提升企业家的创新意识和创新能力。企业家的创新意识直接决定着企业的创新意识，企业家的创新能力直接决定着企业的创新能力。企业家只有具备较强的创新意识，才会乐于进行创新发展的探索；只有具备较强的创新能力，才会勇于从事创新发展的组织和实施。因此，可考虑整合相关教育培训机构的优质资源，对有意愿的企业家进行必要的创新意识和创新能力的培养。

四是持续拓宽企业家的国际视野。目前，世界范围内的创新活动正在如火如荼地进行，加大研发投入、引进创新人才、占领创新高地，正在成为越来越多领军企业的共识。有多大的视野，就有多大的胸怀。企业家要立足中国、放眼世界，拓宽自己的国际视野，提高把握国际市场动向和需求特点的能力，提高把握国际规则的能力，提高国际市场开拓的能力，提高防范国际市场风险的能力，带动企业在更高水平的对外开放中实现更好发展。

三、新时代发扬陈嘉庚的闽商经营哲学

关于经营管理企业的秘诀，陈嘉庚将其总结为"诚、信、果、毅"四个字，至今仍值得企业经营管理者们学习借鉴。

诚——经营企业的价值观。陈嘉庚经营企业，首先宣扬一个"诚"字，按他自己解释，"诚"的核心内容是忠诚于祖国、真诚服务于社会。陈嘉庚把"诚"看作支配自己办实业的价值观念，说办实业不过是为了尽"爱乡爱国"之"义务"，这种义务在他心目中比企业盈利还重。"轻金钱，重义务"这种价值观念，是"出乎性之自然"，是在办实业以前就形成了的。

信——经营企业的道德观。在调节、处理企业内外各种关系时，陈嘉庚突出强调一个"信"字。这是他为办实业确立的道德规范。他所说的"信"，包括信用、信誉和信任。重视信用是中华民族的传统美德，从一开始创办企业，陈嘉庚就把"信"作为信守不渝的基本原则。

果——经营企业的竞争观。陈嘉庚办实业，特别强调竞争精神，认为经营企业实际上也是在进行一场战争。在这场角逐中，"当存有竞争之心，乃有进步之效……不可不时存优胜进取之念"。竞争不仅要敢于冒风险，还要决策及时，行动迅猛，掌握充分的主动权。"动作迟缓，事事输入，商战中必为败兵。"陈嘉庚一贯提倡的"果"字，强烈地体现了他锐意竞争制胜的气概。

毅——经营企业的信念观。陈嘉庚经营企业并不是一帆风顺的，但面对一个又

个的挫折，他不灰心、不动摇，刚毅不屈，百折不挠，坚持到底。他说，"人能经得起挫折，受得起打击，吃得起苦头，才是好汉"。他"最反对无毅力之人"，认为"世上无难事，唯有毅与责任"。只要矢志不渝、坚定不移地走自己的路，就没有克服不了的艰难险阻。"为人有道德毅力，便是世界上第一难得之奇才。"陈嘉庚认为如果用一个字来概括自己的经营风格，"毅"是再恰当不过了。

新时代发扬陈嘉庚的闽商经营哲学，可以从以下几个方面进行。

（一）坚守诚信经营

陈嘉庚的诚信经营哲学是"诚、信、果、毅"。在新时代，这种经营哲学依然具有极高的价值。企业应当坚守诚信原则，忠诚于国家、真诚服务于社会，以此赢得职工和社会的支持。同时，企业要注重信用、信誉和信任的建设，这是企业长期发展的基石。

（二）重视社会责任

陈嘉庚不仅是一个实业家，更是一个身体力行的教育救国论者。他创办学校、捐资助学，体现了对国家、对社会的深深责任感。在新时代，企业应当积极履行社会责任，关注教育、环保、扶贫等公益事业，为社会的发展贡献自己的力量。

（三）摆正权利和义务的关系

陈嘉庚是一个"重义务轻权利"的人，他大多数时候都在主动承担义务，而很少去享受权利。这种精神在新时代依然值得弘扬。企业应当明确自己的社会责任和义务，依法经营、诚信纳税，为社会创造更多的价值。同时，企业也要尊重和保护员工的权利，实现企业与员工的共同发展。

（四）注重公利和私利的平衡

陈嘉庚在处理公利与私利的关系时，始终坚持"重公利轻私利"的原则。他倾尽资产兴办学校，却从未将这些学校视为私人财产。这种精神在新时代依然具有启示意义。企业应当注重公利和私利的平衡，追求社会利益与企业利益的和谐统一。在追求经济利益的同时，也要关注社会利益、环境利益等公共利益，实现企业的可持续发展。

第五节 陈嘉庚闽商智慧与教育强国

一、新时代下的教育强国理念

教育强国理念是一个多维度、综合性的概念，旨在提升一个国家在教育领域的整体实力和影响力，为国家的经济、社会和文化发展提供有力支撑。

（一）全面发展素质教育

教育强国理念强调全面发展素质教育，注重培养学生的综合素质，包括创新能力、实践能力、团队协作能力等。这要求教育体系不仅要传授知识，更要注重培养学生的思维能力和解决问题的能力，以适应现代社会对人才的需求。

（二）教育公平和普及

教育强国理念强调教育资源的公平分配和教育的普及化。通过加大对教育事业的投入，改善教育基础设施，提高教师素质，确保每个孩子都有平等接受教育的机会。同时，注重推动城乡、地区之间的教育资源均衡发展，缩小教育差距。

（三）提高教育质量

教育强国理念注重提高教育质量，加强师资队伍建设，推动课程和教育理念的创新。通过引入先进的教育方法和手段，提高教育教学水平，确保教育质量能够达到国际先进水平。

（四）科学研究与创新

教育强国理念强调科学研究与创新的重要性。通过促进高校和研究机构的科学研究，培养创新人才，推动科技创新和产业升级。同时，加强国际学术交流与合作，引进国外先进技术和管理经验，提升国内科技水平。

（五）职业教育与技能培训

教育强国理念注重职业教育与技能培训的发展。通过发展职业教育，强化对各类技能人才的培养，满足社会对不同领域、不同层次技术人才的需求。同时，加强职业教育与普通教育的衔接，构建终身教育体系。

(六)国际化教育

教育强国理念强调国际化教育的重要性。通过推动国际化教育,培养具有国际竞争力的人才,促进国际学术交流与合作。同时,加强外语教育和跨文化交流能力的培养,提高学生的国际视野和跨文化交际能力。

(七)教育体制改革

教育强国理念要求推动教育体制的改革。通过建立健全教育体制和管理机制,确保教育资源的合理配置和高效利用。同时,加强对教师的培养和管理,提高教师队伍的整体素质。此外,还要注重教育评价体系的改革,建立科学、公正、有效的评价机制。

(八)全民教育观念普及

教育强国理念强调全民教育观念的普及。通过加强教育宣传,提高全社会对教育的重视程度和参与度。同时,推动家庭、学校和社会共同肩负起培养下一代的责任,形成全社会共同关心和支持教育的良好氛围。

二、陈嘉庚闽商智慧培育时代新人

在新时代,我们肩负着中华民族伟大复兴的历史使命,陈嘉庚兴学重教的精神对建设教育强国、培育时代新人具有非常重要的现实意义。陈嘉庚兴业南洋,胸怀祖国,一生资助或创办学校100多所。他认为"教育为立国之本,兴学乃国民天职",强调了教育在国家发展中的重要地位。

(一)陈嘉庚的教育理念

教育为立国之本:陈嘉庚深信教育是立国之本,是推动国家繁荣和民族进步的关键。

重视华文教育:在南洋华侨社会中,陈嘉庚积极推动华文教育的发展,认为华文教育是传承中华优秀传统文化、保持民族认同的重要手段。他不仅资助了多所华文学校的建设,还亲自参与学校的管理和教学工作。

实科教育理念:陈嘉庚坚持实科教育理念,注重培养学生的实际应用能力和创新精神。他强调"知识与技能并重",并为此不惜重金建造实习船、购进先进的教学设备。

(二)陈嘉庚的教育贡献

创办和资助学校:陈嘉庚一生中的兴学历史长达67年,创办和资助的学校达118

所。这些学校涵盖了从学前教育到高等教育的各个层次，包括厦门大学、集美大学等，为中国的教育事业做出了巨大的贡献。

倾资兴学、报效祖国：陈嘉庚倾尽一生心血和财力兴办教育，以报效祖国。他的这种无私奉献精神得到了党和国家领导人的高度评价，毛泽东称赞他为"华侨旗帜，民族光辉"。

陈嘉庚的教育理念和对教育事业的奉献体现了他对国家和民族的深厚感情和高度责任感。他的一生都在为中国的教育事业而奋斗，为培养一代又一代的优秀人才而不懈努力。他的事迹和精神不仅激励了无数的教育工作者和学生，也为我们今天的教育事业提供了宝贵的经验和启示。

三、在新时代教育强国中传承与弘扬陈嘉庚闽商智慧

陈嘉庚倾资兴学、教育兴国的理念，与新时代"教育强国"理念高度契合，为教育事业的发展提供了重要的精神支撑和文化底蕴。

（一）陈嘉庚教育兴国理念与教育强国理念的契合点

教育为本：陈嘉庚强调教育在国家发展中的重要地位，认为"教育是立国之本"，这与新时代教育强国理念中强调教育在国家发展中的战略地位不谋而合。

全面发展：陈嘉庚注重学生的全面发展，强调德智体并重，这与新时代教育强国理念中提出的全面发展素质教育的要求相契合。

创新精神：陈嘉庚强调创新，鼓励人们勇于探索、敢于创新，这与新时代教育强国理念中强调的创新驱动发展战略相契合。

（二）传承与弘扬陈嘉庚教育理念的具体举措

第一，培养担当民族复兴大任的时代新人。培养什么人、怎样培养人、为谁培养人是教育的根本问题，也是建设教育强国的核心课题。建设教育强国的目的，就是培养一代又一代德智体美劳全面发展的社会主义建设者和接班人，培养一代又一代在社会主义现代化建设中可堪大用、能担重任的栋梁之材，确保党的事业和社会主义现代化强国建设后继有人。要坚持不懈用习近平新时代中国特色社会主义思想铸魂育人，着力加强社会主义核心价值观教育，引导学生树立坚定的理想信念，永远听党话、跟党走，矢志奉献国家和人民。要坚持改革创新，推进大中小学思想政治教育一体化建设，提高思政课的针对性和吸引力。网络已成为广大青少年学习生活的重要空间，要

提高网络育人能力，扎实做好互联网时代的学校思想政治工作和意识形态工作。

第二，加快建设高质量教育体系。当前，我国教育已由规模扩张阶段转向高质量发展阶段。要坚持把高质量发展作为各级各类教育的生命线，加快建设高质量教育体系，以教育高质量发展赋能经济社会可持续发展。建设教育强国，基点在基础教育。基础教育搞得越扎实，教育强国步伐就越稳，后劲就越足。要推进学前教育普及普惠安全优质发展，推动义务教育优质均衡发展和城乡一体化。基础教育既要夯实学生的知识基础，也要激发学生崇尚科学、探索未知的兴趣，培养其探索性、创新性思维品质。要在全社会树立科学的人才观、成才观、教育观，加快扭转教育功利化倾向，形成健康的教育环境和生态。建设教育强国，龙头是高等教育。放眼全球，任何一个教育强国都是高等教育强国。要把加快建设中国特色、世界一流的大学和优势学科作为重中之重，大力加强基础学科、新兴学科、交叉学科建设，瞄准世界科技前沿和国家重大战略需求推进科研创新，不断提升原始创新能力和人才培养质量。要建设全民终身学习的学习型社会、学习型大国，促进人人皆学、处处能学、时时可学，不断提高国民受教育程度，全面提升人力资源开发水平，促进人的全面发展。

第三，全面提升教育服务高质量发展的能力。要把服务高质量发展作为建设教育强国的重要任务。当今时代，人才是第一资源，科技是第一生产力，创新是第一动力，建设教育强国、科技强国、人才强国具有内在一致性和相互支撑性，要把三者有机结合起来、一体统筹推进，形成推动高质量发展的倍增效应。要进一步加强科学教育、工程教育，加强拔尖创新人才自主培养，为解决我国关键核心技术"卡脖子"问题提供人才支撑。要系统分析我国各方面人才发展趋势及缺口状况，根据科学技术发展态势，聚焦国家重大战略需求，动态调整优化高等教育学科设置，有的放矢培养国家战略人才和急需紧缺人才，提升教育对高质量发展的支撑力、贡献力。要统筹职业教育、高等教育、继续教育，推进职普融通、产教融合、科教融汇，源源不断培养高素质技术技能人才、大国工匠、能工巧匠。

第四，在深化改革创新中激发教育发展活力。从教育大国到教育强国是一个系统性跃升和质变的过程，必须以改革创新为动力。要坚持系统观念，统筹推进育人方式、办学模式、管理体制、保障机制改革，坚决破除一切制约教育高质量发展的思想观念束缚和体制机制弊端，全面提高教育治理体系和治理能力现代化水平。教育公平是社会公平的重要基础，也是建设教育强国的内在要求。要把促进教育公平融入深化教育领域综合改革的各方面各环节，缩小教育的城乡、区域、校际、群体差距，努力让每个孩子都能享有公平而有质量的教育，更好满足群众对"上好学"的需要。教育评价事关教育发展方向，事关教育强国成败。要紧扣建设教育强国目标，深化新时代教育评价改革，构建多元主体参与、符合我国实际、具有世界水平的教育评价体系。要加强教材建设和管理，牢牢把握正确政治方向和价值导向，用心打造培根铸魂、启智增慧的精品教材。教育数字化是我国开辟教育发展新赛道和塑造教育发展新优势的重要突破口。我国互联网上网人数已达 10.67 亿人，要进一步推进数字教育，为个性化学习、终身学习、扩大优质教育资源覆盖面和教育现代化提供有效支撑。

第五，增强我国教育的国际影响力。要根据国际形势发展变化，完善教育对外开放战略策略，统筹做好"引进来"和"走出去"两篇大文章，有效利用世界一流教育资源和创新要素，使我国成为具有强大影响力的世界重要教育中心。要积极参与全球教育治理，大力推进"留学中国"品牌建设，讲好中国故事、传播中国经验、发出中国声音，增强我国教育的国际影响力和话语权。要坚持扩大教育对外开放不动摇。深入贯彻总体国家安全观，把牢教育对外开放正确方向和安全底线。

第六，培养高素质教师队伍。强教必先强师。要把加强教师队伍建设作为建设教育强国最重要的基础工作来抓，健全中国特色教师教育体系，大力培养造就一支师德高尚、业务精湛、结构合理、充满活力的高素质专业化教师队伍。要立足教育强国建设实际需要，加大教职工统筹配置和跨区域调整力度。要弘扬尊师重教社会风尚，提高教师政治地位、社会地位、职业地位，使教师成为最受社会尊重的职业之一，支持和吸引优秀人才热心从教、精心从教、长期从教、终身从教。要加强师德师风建设，引导广大教师坚定理想信念、陶冶道德情操、涵养扎实学识、勤修仁爱之心，树立"躬耕教坛、强国有我"的志向和抱负，坚守三尺讲台，潜心教书育人。

第五章 闽商精神的传承：从陈嘉庚到新生代闽商

第一节 福耀玻璃：发展自我，兼济天下

一、福耀玻璃集团的企业文化

（一）福耀玻璃集团概况

福耀玻璃集团（下文简称"福耀"）的成立可以追溯到中国改革开放初期。集团的创始人曹德旺于1987年在中国福州正式注册成立了福耀玻璃工业集团股份有限公司。在这个时期，中国汽车工业开始逐步发展，对汽车配件的需求日益增长，尤其是随着经济改革的深入和市场的开放，对外贸易的增加促使国内企业寻求更高层次的发展和国际化道路。

曹德旺凭借敏锐的商业洞察力，认准了汽车玻璃这一细分市场，决定专注于汽车安全玻璃的生产和供应。福耀的成立，旨在填补当时中国市场在高品质汽车玻璃制造方面的空白，减少对进口产品的依赖，并逐步提升国内汽车零部件行业的整体水平和竞争力。

成立初期，福耀面临着技术和资金的双重挑战，但通过不断的技术创新、引进国外先进生产线以及培养自己的研发团队，逐渐打破了国外的技术垄断，成为国内汽车玻璃行业的领军者，并逐步发展成为全球最大的汽车玻璃供应商之一。福耀的成功不仅是一个企业的成长历程，也是中国制造业从无到有、从弱到强的一个缩影。

（二）福耀创始人及其管理风格

曹德旺被誉为"中国玻璃大王"，以其独特的经营理念、强烈的社会责任感以及对质量的不懈追求而闻名，曾被授予"安永全球企业家大奖"等荣誉。尽管只有初中的教育背景，但他的商业智慧、坚韧不拔的精神以及对市场的深刻理解，使他在商界取得了巨大成功。

曹德旺的管理理念融合了传统智慧与现代企业管理理论，形成了独特且高效的管理模式。曹德旺倡导以人为本的企业文化，视每位员工为福耀大家庭的一分子，重视员工的成长和发展，营造良好的工作环境，有助于提高员工的忠诚度和工作效率。在专业化方面，他坚信专业化是企业现代化的关键，反对盲目多元化，主张集中资源和精力在核心业务上，以确保竞争力和

专业优势。曹德旺重视目标管理，推行目标管理制度，要求每个岗位都有量化、可达成的目标，并根据这些目标进行绩效考核，促进了企业的高效运作和优化资源配置。而对于社会责任，他将承担社会责任视为企业家的基本道德，主张诚信经营，保证产品质量，反对任何欺诈行为，致力于建立企业的良好声誉和社会形象。曹德旺认为成功的企业家应具备文化自信、深厚的专业知识、广阔的视野、高尚的情操，以及不断自我提升的精神风貌。

曹德旺的管理风格可以概括为"严格而人性化"。一方面，他对工作标准极高，强调效率和成果，实施严格的管理制度；另一方面，他对待员工充满关怀，注重培养团队精神和企业文化，鼓励员工参与决策，形成了上下一心的团队氛围。这种结合了权威与温情的风格，使福耀在竞争激烈的市场中保持了强大的凝聚力和持续的创新动力。

（三）企业文化

福耀企业文化的核心理念是：发展自我，兼济天下。福耀发展至今，在追求自我完善的同时，有一种与生俱来的使命感，从最早的"为中国人做一片汽车玻璃"到"树立汽车玻璃供应商的典范"到"福耀全球"以及以曹德旺为核心的回报社会的行动，福耀一直在追求通过自我的发展贡献客户、企业、产业、员工和社会。福耀将勤劳（敬业、专注、奋斗）、朴实（诚信、为善、务实）、学习（专业、开放、进步）、创新（责任、勇敢、远见）作为企业的核心价值观，如图 5-1 所示。

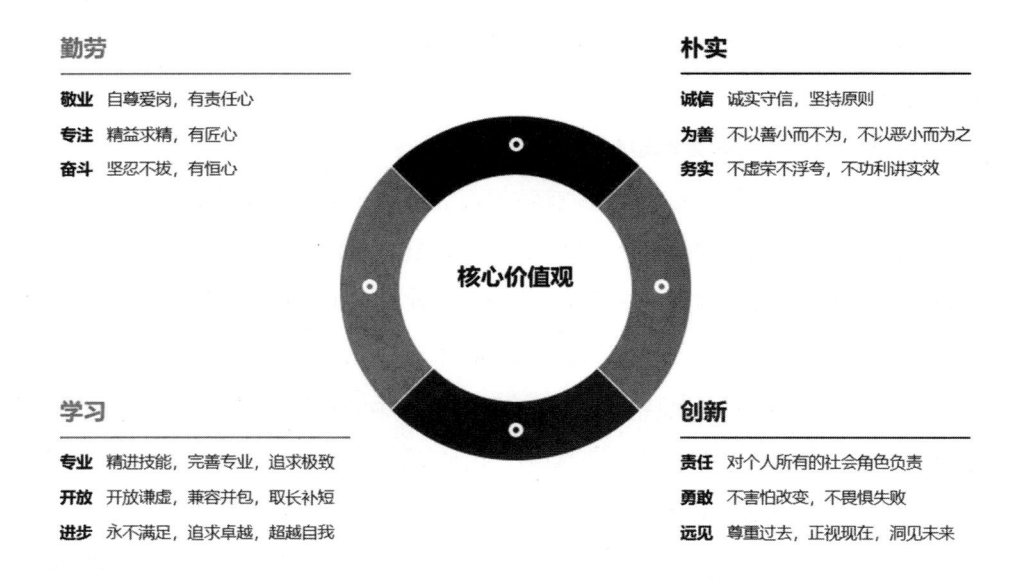

图 5-1　福耀企业文化核心价值观

图片来源：福耀集团网站，https://www.fuyaogroup.com/values.html。

二、闽商精神与福耀的共鸣

福耀作为闽商企业的卓越典范，其发展轨迹与以陈嘉庚为代表的闽商精神紧密相扣，尤其是在企业文化建构与社会责任实践中，很好地发扬了闽商精神。在企业文化上，福耀秉持"勤劳、朴实、学习、创新"的价值观，不仅将其镌刻于企业标语，更深深根植于每位员工的日常行为中，鼓励持续学习与实践中的谦逊朴实。福耀在创新道路上坚持"技术领先，智能生产"战略，通过智能化制造与绿色生产技术，开拓玻璃科技的新领域，生动演绎了闽商无畏创新的传统。

在社会责任方面，福耀作为"工信部智能制造应用新模式示范企业"及"国家绿色工厂"，在追求高质量增长的同时，贯彻落实低碳运营，开发绿色产品，提升了生产效率并减轻了环境负担，体现了可持续发展理念的社会责任。福耀以"敬天爱人""义利兼济"价值观为导向，积极投身社会公益事业，如疫情防控、教育援助等，承担企业社会责任。福耀及曹德旺个人的大额慈善捐赠更是彰显了闽商回馈社会的美德。

在国际化战略方面，福耀积极响应"走出去"号召，不仅稳固国内市场，还在美国、俄罗斯等地建立了生产基地，实现了全球业务布局，展现出闽商的国际视野与在全球竞争中的胆识与智慧。同时应邀参加多次中美关系的国际会议，助推中美经贸关系积极良性发展。

在产品与服务方面，福耀坚守高品质标准，不断精进生产工艺，强化质量管理体系，始终坚持"四品一体双驱动"的质量管理模式，"高性能、高稳健、高绩效"的质量管理目标，确保产品超越国际水平。这种对品质的不懈追求，是闽商勤奋与创新精神的完美融合，也是其国际竞争力的源泉。

在人才培养与激励机制方面，福耀注重人才发展，构建了完善的人才发展体系，建立了完善的培训体系，提供宽广的职业路径与有竞争力的薪酬福利，为员工提供多样的福利，体现了对人才的重视与对闽商"以人为本"哲学的实践，为公司的长远发展积蓄了雄厚的人力资本。

面对数字经济浪潮，福耀积极拥抱数字化转型，运用大数据、云计算、AI等工具优化流程与管理，增强了企业综合竞争力，这种主动求变、探索未知的魄力，是对闽商创新精神的现代解读与传承。

三、福耀玻璃的典型实践行动

（一）全球化战略与美国工厂项目

福耀于2013年开始在美国俄亥俄州投资建设汽车玻璃工厂，该项目总投资超过10亿美元，是当时中国制造业在美国最大规模的绿地投资项目之一。工厂于2016年正式投产，不仅为当地创造了数千个就业机会，还解决了中美贸易摩擦带来的关税问题，增强了福耀在全球供应链中的灵活性。

1. 战略动因

福耀决定在美国设立工厂，这一战略举措旨在多方面巩固并拓展其业务基础。其首要目的是实现市场接近性，直接服务于北美这一全球重要汽车市场的心脏地带，那里聚集了众多国际顶级汽车制造商。通过本土化生产，福耀不仅大幅削减了物流成本，还显著提升了供应链的响应速度，确保了更高效率的服务交付和客户满意度的提升。

此外，针对日益复杂的全球贸易环境，特别是考虑到中美贸易关系的波动性，福耀在美国建厂也是其对冲贸易风险的明智之举。此举有效规避了潜在的关税壁垒，减少了贸易政策变动可能引发的冲击，从而保障了供应链的稳定性和连续性，为企业长期发展提供了坚实的支撑。

更深远的意义在于，这家美国工厂是福耀品牌国际化进程中的关键里程碑，它极大促进了企业品牌的全球认知度与影响力。通过与国际一线汽车品牌深化合作，福耀不仅在国际舞台上彰显了其先进的技术水平和卓越的产品质量，也为其实现全球化战略布局奠定了坚实的基础。

2. 面临的挑战与应对策略

福耀在美国工厂的运营中，高度重视本地化管理。他们招募了大量的当地员工，尊重并融入当地文化，解决了语言沟通及劳动法律适应等问题，从而有效地避免了文化冲突，保证了工厂的稳定运行。尽管福耀将先进的生产技术和管理经验带到了美国，但仍需面对适应美国工人文化、提升生产效率的挑战。为此，他们采用了福耀独特的精益生产和质量管理体系，同时结合美国的创新思维，实现了技术与文化的深度融合。此外，福耀在项目初期便积极与当地政府和社区建立紧密联系，寻求政策支持和民众认可。例如，成功获得了税收减免和土地优惠等优待，为工厂的顺利建设和运营提供了有力保障。

在实际操作中，福耀也遇到了诸多挑战。其中最主要的是文化差异带来的管理难题，包括工会问题、工作习惯等。针对这一问题，福耀通过设立专门培训课程、加强跨文化交流等方式，逐步克服了这些困难。另一个重要的挑战是成本控制。由于美国的劳动力成本相对较高，福耀通过提高自动化程度、优化生产流程等手段，成功降低了成本，实现了长期的经济效益。值得注意的是，纪录片《美国工厂》的上映引发了公众对福耀的管理和劳工政策的广泛关注。为了应对这一情况，福耀积极开展沟通活动，展现出改善工作环境、提升员工福利的坚定决心，成功化解了公关危机。

福耀在美国开设工厂的实践经验，为其他中国企业在海外拓展提供了宝贵的借鉴。他们在实施过程中，充分考虑到各种复杂因素，采取了一系列针对性强且行之有效的策略，最终取得了成功。

3. 成果与影响

福耀美国工厂项目的实施带来了显著的成果与深远影响。首先，美国工厂的建立显著提升了福耀在美国乃至北美的市场份额，巩固了其作为全球汽车玻璃领先供应商的地位。项目的成功不仅增强了福耀的品牌国际影响力，也为中国企业"走出去"提供了宝贵的经验，展现了中国企业的国际竞争力。其次，美国工厂作为福耀全球布局的关键一环，对全球供应链进行了有效优化，增强了企业应对国际市场波动的灵活性与韧性。尽管遭遇重重挑战，但福耀凭借其灵活应对策略、持续地优化改进，不仅达成了商业目标的升级，还显著提升了社会影响力。2023年7月27日，美国国际领袖基金会特别授予曹德旺"杰出制造业贡献奖"，高度肯定了福耀在美国发展所取得的成绩。

尤为值得一提的是，福耀的这一系列行动，与闽商代表人物陈嘉庚所倡导的精神产生了强烈的共鸣。福耀勇于跨越重洋，直面异域文化和市场规则的重重考验，充分展示了闽商国际化视野下不惧困难、勇于开拓海外市场的大胆与智慧。同时，通过对管理的精细打磨、本土化策略的灵活调整，福耀在美国市场扎下了坚实根基，这无疑是勤奋务实精神在新时代背景下的生动实践与成功例证。

（二）智能工厂建设和数字化转型

响应"中国制造2025"战略，福耀大力投入智能工厂建设和数字化转型，引进先进的设备和技术，如自动化生产线、机器人作业系统、物联网技术等，实现了从原材料采购到产品交付的全链条智能化管理，大幅提升了生产效率和产品质量。

1. 战略背景

在第四次工业革命的背景下，全球制造业正经历着向智能制造转型升级的必然趋势，福耀凭借其前瞻性的商业洞察力，精准捕捉到了这一变革潮流。福耀深刻认识到，通过实施智能化与数字化转型，不仅能够大幅提升生产效率，还能有效降低成本，从而在激烈的市场竞争中稳固并增强自身的竞争优势。与此同时，得益于诸如合肥等地推出的中小企业数字化转型试点城市政策，福耀获得了实质性的政策导向与财政扶持。这些措施显著降低了企业转型的门槛与风险，有力加速了福耀迈向数字化、智能化的步伐。

2. 面临的挑战与应对策略

福耀在探索智能工厂建设和数字化这一转型旅程中遇到了挑战。技术与人才方面，构建智能工厂对专业技术团队和高级管理人才有着迫切需求，福耀需应对人才短缺问题，强化内部培养和外部人才引进机制。数据安全与隐私保护方面，如何在海量数据的收集、处理与存储中确保信息安全，成为亟待解决的问题，要求福耀建立健全数据安全管理。此外，智能化改造的巨大前期投资也是一大考量，福耀需精确评估投资回报周期，巧妙平衡短期成本与长期收益，确保转型之路稳健前行。

在实施路径上，福耀展开了全面的前期分析与评估，通过顶层设计绘制出详尽的数字化转型蓝图，该规划涉及对现有生产流程、设备及 IT 架构的全面诊断，并识别了转型的关键要素及优先级。在技术应用层面，福耀积极采纳工业物联网、大数据分析、云计算及人工智能等尖端信息技术，构建智能工厂基础设施，实现了生产状态的实时监控、排产计划的 AI 优化、基于大数据的预见性维护，极大促进了生产自动化与智能化。此外，福耀在流程优化上也进行了大胆革新，重组生产流程，确保从生产计划至质量控制的各个环节无缝连接，显著提升了生产效率与灵活性。在组织层面，伴随技术革新，福耀推动了结构改革与人才战略的升级，注重数字化人才培养，促进跨部门合作，营造了支持转型的积极文化环境。

3. 成果与影响

生产效率：智能工厂的实施显著提高了福耀的生产效率和灵活性，减少了生产错误，降低了运营成本，提升了整体竞争力。

质量管理：通过实时数据分析和智能监测，福耀实现了对产品质量的全程追溯和精细控制，提高了产品质量和客户满意度。

创新驱动：数字化转型激发了福耀的创新能力，促进了新产品、新工艺的研发，增强了企业的市场适应能力和可持续发展能力。

生态合作：智能工厂的建设促进了福耀与上下游产业链的协同合作，构建了更加紧密的产业生态系统，共同推动整个行业的数字化升级。

福耀的智能工厂建设和数字化转型，是其对闽商精神中勇于创新与勤奋务实的现代诠释，展现了企业对高质量发展的追求和对未来的前瞻布局。这一过程不仅是技术层面的革新，更是企业文化和战略思维的深刻转变，为全球制造业的智能化发展提供了宝贵的实践经验。

（三）曹德旺个人慈善事业与企业社会责任

曹德旺以其个人名义设立了河仁慈善基金会，累计捐赠已超过百亿元人民币。福耀本身也积极参与社会公益，如疫情期间捐赠物资、支持贫困地区发展等，体现了企业对社会责任的担当。

1. 慈善理念与实践

曹德旺以其深厚的慈善情怀与实际行动，通过创建河仁慈善基金会，将个人的慈善事业推向系统化、专业化的高度。基金会以他父亲的名字命名，既是对家族传统的一脉相承，也是对社会深沉情感的回馈。该基金会聚焦于教育、医疗健康、减贫及灾害救助等多个关键领域，其巨额捐赠与深远影响，彰显了慈善事业的广度与深度。

在教育慈善方面，曹德旺深刻理解教育在改变个人命运与提升社会整体素质中的核心作用，因此，他特别致力于此，不仅捐资建设高等教育机构，还资助贫困学子、改善教学设施，力求从根本上促进教育水平的全面提升与人力资源的优化。

面对自然灾害，曹德旺总是第一时间行动起来，亲赴前线了解实际情况，并迅速通过基金会提供紧急救援物资与资金支持，如在武汉洪水、闽北水灾中，他的及时响应与慷慨解囊，展现了强烈的社会责任感与担当。

更深层次地，曹德旺的慈善理念超越了简单的财物捐赠，强调"授人以渔"的智慧。在扶贫项目实施中，除直接经济援助外，他还重视增强贫困地区自主发展的能力，通过提供技能培训、扶持产业发展等途径，助力贫困地区走上自给自足、可持续发展的道路，真正实现慈善之爱的长远价值与深远意义。

2. 企业社会责任体现

福耀在追求卓越的经济效益之余，同样重视企业社会责任的践行，这一点体现在多个关键领域。首先，在环境保护上，公司致力于绿色生产实践，减少生产过程中的污染物排放，积极促进循环经济，展现出对维护生态环境的高度责任感。其次，福耀在内部管理上强调人文关怀。曹德旺推行的以人为本政策包括提供优质的工作环境、关注员工福利及职业发展机会。这些都深刻体现了福耀对员工的尊重和深切关怀，进一步丰富了企业社会责任的内涵。再次，福耀坚持在全球范围内合规经营，无论是在国内市场还是国际舞台，均严格遵守法律法规，秉持诚信原则，通过实施高标准的商业道德规范指导自身行为，赢得了良好的声誉。最后，曹德旺及福耀在慈善领域的积极作为，不仅直接援助了大量弱势群体，更在社会层面产生了深远影响，激励更多企业与个人加入慈善行列，提升了公众对慈善公益事业的关注度与参与度，发挥了显著的正面示范作用，促进了社会整体向善向上的风气。

3. 成果与影响

曹德旺的个人慈善行为与福耀在企业社会责任领域的持续投入，对公司的长远发展产生了深刻而积极的影响。这些行动显著提升了企业的品牌价值与社会声誉，增强了消费者、投资者以及合作伙伴的信心与信任，为企业的未来发展构建了坚实的社会基础与良好口碑。在曹德旺的引领下，福耀逐步塑造了一种以社会责任为核心的企业文化，鼓励每位员工积极参与公益，营造了正面积极的工作环境，加深了团队成员之间的凝聚力和对企业的归属感。更广泛地，他们通过不间断的慈善事业和企业社会责任实践，在推动教育公平、缓解贫困、环境保护等多个维度上发挥了重要作用，为社会的和谐与进步做出了实质性贡献。

曹德旺的慈善行动与福耀的社会责任实践，不仅传承了闽商精神中的回馈社会与诚信为本，更超越了单纯的经济利益考量，展现了对社会整体福祉的深切关注，凸显了现代企业家应具备的社会责任感与历史使命感。这些努力与成就，与以陈嘉庚先生为代表的闽商精神形成了强烈共鸣。曹德旺和福耀在慈善领域的奉献，更深层地体现了信义相济的商业哲学——在追求商业成功的同时，致力于通过教育、环保等具有前瞻性的项目，促进社会的可持续发展，维护一个和谐共荣的商业生态环境，真正践行了"取之于社会，用之于社会"的高尚情怀。

四、福耀玻璃的发展与中国式现代化

2023 年 4 月 21 日，"中国式现代化与世界"蓝厅论坛在上海北外滩"世界会客厅"

举行，如图 5-2 所示。国家主席习近平向论坛致贺信，信中阐述了中国式现代化的探索过程及重要意义，表达了中国坚定不移为人类谋进步、为世界谋大同的决心和行动。福耀董事长曹德旺应邀出席论坛并发言，如图 5-3 所示。曹德旺分享了福耀如何从零开始，一步步建设全球供应链的经历。他从自己的视角分享了对中国式现代化的理解，呼吁政企从更宏观与长远的视角对历史和全球百姓的福祉负责。

图 5-2　CCTV 13 报道截图

图片来源：微信公众号"福耀集团"。

图 5-3　曹德旺发言

图片来源：微信公众号"福耀集团"。

福耀作为全球汽车玻璃行业的领航者，凭借其规模与影响力，树立了行业的标杆。自 1987 年成立以来，福耀不仅在全球范围内建立了广泛的生产基地和商务网络，覆盖 16 个省份与 11 个国家地区，而且在推动地方经济增长与创造就业方面成效显著，充分展现了其作为全球经济参与者的重要地位。

在市场地位方面，福耀的领导地位无可争议。截至 2023 年，福耀的全球市场占有率约为 34%，目前排名世界第一；中国市场占有率则高达 68%。[1] 这意味着，在全球，每 3 辆汽车里就有 1 辆使用福耀玻璃；而在中国，每 3 辆汽车里就有 2 辆使用福耀玻璃。可见，福耀玻璃在汽车玻璃领域具有极强的行业地位。这背后，是福耀对技术创新的不断追求、品牌建设的卓越成效。

福耀的国际化布局策略和产业链垂直整合能力进一步强化了其市场领导地位。全球化的生产与研发网络不仅使其能够贴近服务国际客户，还展示了其在全球供应链中的灵活性与竞争力。从浮法玻璃的源头生产到汽车玻璃的终端服务，福耀实现了全程控制，确保了产品质量与成本效率，这是其在全球市场持续增长的关键因素。

与此同时，福耀在地方经济与社会公益方面的贡献同样引人注目。在国内多地的大额捐赠与美国俄亥俄州的巨大投资，不仅直接促进了当地经济的发展与就业，还通过教育、医疗等公益项目的实施，深刻影响了社会福祉。福耀创始人曹德旺个人高达 154 亿元的慈善捐赠，更是将企业的社会责任提升到了新的高度，彰显了企业成功与社会贡献并重的价值观。

福耀在以陈嘉庚为代表的闽商精神的引领下，其现代化发展实践不仅彰显了深厚的历史文化底蕴，还取得了诸多创新性成就，为全球企业界树立了典范，尤其是在教育兴企、创新驱动、国际化战略、社会责任与回馈社会、绿色可持续发展策略、文化融合与管理创新等方面，其成功路径显著。

在教育兴企方面，教育作为企业发展的基石，福耀在曹德旺的领导下，深刻践行陈嘉庚先生理念的教育，以个人巨额捐赠助力教育事业，实现了教育与产业的深度融合，促进了人才链与产业链的协同发展。

在创新驱动方面，福耀始终将创新置于战略核心，通过持续加大研发资金投入和全球化研发网络的构建，推出了一系列行业领先的创新产品，诸如智能调光玻璃、集成太阳能电池的全景天窗等，这些创新不仅巩固了其在全球汽车玻璃行业的领军位置，更是对陈嘉

---

[1] 数据来源于福耀集团网站。

庚"识时务者为俊杰"智慧的现代实践，展现了紧随时代潮流、把握行业先机的智慧。

在国际化战略方面，福耀承继陈嘉庚的全球思维，积极拓宽国际版图，构建了全球生产基地和商务网络，即使在国际贸易环境的波折中也能灵活应对，确保供应链的稳定高效。其全球化布局策略成为企业国际化的成功模板。

在社会责任与回馈社会方面，福耀深谙陈嘉庚"取之社会，用之社会"的教诲，将履行社会责任视作企业发展不可或缺的部分，从曹德旺的慈善捐赠到集团在环保、扶贫的积极作为，无不彰显企业深厚的社会责任感，这些行动不仅提升了福耀的品牌形象，更促进了企业与社会的和谐共进，展现了企业的温度。

在绿色可持续发展策略方面，福耀积极响应全球环保和可持续发展议题，通过引入绿色技术、优化能源结构、减排等措施，践行绿色生产，不仅与全球环保趋势并行，更传承了陈嘉庚的远见卓识，表明了福耀在追求经济效益的同时，亦兼顾生态平衡和企业的可持续未来。

在文化融合与管理创新方面，福耀在企业管理中融入了儒释道的精髓，倡导文化自信与道德经营，形成了独特的文化氛围。曹德旺的创业成功要素论，是对闽商精神的现代解读，强调了道德与智慧的并重，为企业文化增添了深厚的底蕴。

福耀的一系列多元化实践，不仅铸就了企业的飞跃成长和国际竞争力的提升，也为全球企业提供了走向世界的成功路径参考。同时，福耀的成功经验也为中国广大企业提供了宝贵的启示与建议，强调了教育投资、创新研发、全球化战略、社会责任、绿色转型、企业文化与风险管理的重要性。这些策略的实施将促进企业在全球化竞争中实现可持续发展，为中国经济的高质量增长贡献力量，书写新篇章。

第二节 宁德时代：修己达人，奋斗创新

一、宁德时代企业文化

（一）宁德时代概况

宁德时代新能源科技股份有限公司（下文简称"宁德时代"）位于福建省宁德市，成立于2011年，是全球领先的新能源创新科技公司，专注于新能源汽车动力电池系统、储能系统的研发、生产和销售，致力于为全球新能源应用提供一流解决方案，核心技术包括在动力和储能电池领域，材料、电芯、电池系统、电池回收二次利用等全产业链研发及制造能力。截至2023年，宁德时代已服务超1167万辆车，全球市场占有率达36.8%，全球每3辆新能源车，就有1辆搭载宁德时代电池。宁德时代连续七年保持全球动力电池使用量龙头地位。其主营业务包括：

1. 电池

宁德时代研发生产的电池主要包括动力电池和储能电池。

动力电池：提供电芯、模组/电箱及电池包。可提供凝聚态电池、三元高镍电池、三元高压中镍电池、M3P电池、磷酸铁锂电池以及钠离子电池等覆盖不同能量密度区间的多种化学体系产品系列，能满足快充、长寿命、长续航、高安全等多种功能需求。同时，根据应用领域及客户要求，通过定制或联合研发等方式设计个性化产品方案，以满足用户对产品性能的不同需求。

储能电池：提供电芯、电池柜、储能集装箱以及交流侧系统等储能产品解决方案。提供的产品主要面向发电侧、输配电侧及用户侧领域。

2. 电池材料及回收

宁德时代电池材料产品主要包括锂盐、前驱体及正极材料；亦通过回收方式，对废旧电池中的镍、钴、锰、锂、磷、铁等金属材料及其他材料进行加工、提纯、合成等，生产锂电池生产所需的三元前驱体、磷铁前驱体、碳酸锂等材料，并将收集后的铜、铝等金属材料回收利用，使电池生产所需的关键金属资源实现有效循环利用。此外，为进一步保障电池生

产所需的上游关键资源及材料供应，还通过自建、参股、合资等多种方式参与锂、镍、钴、磷等电池矿产资源及相关产品的投资、建设及运营。

（二）宁德时代创始人及其管理风格

宁德时代的创始人曾毓群，以其卓越的领导力和深远的洞察力，不仅将宁德时代推向了全球动力电池行业的巅峰，更在其创业历程和管理风格中，深刻体现了闽商文化的独特魅力。

曾毓群的创业之路始于对新能源产业的深刻理解和敏锐洞察。在ATL（Amperex Technology Limited）的成功基础上，他敏锐地捕捉到电动汽车市场的巨大潜力，于2011年毅然决然地创立了宁德时代（CATL），专注于动力电池的研发与生产。这一决策不仅展现了曾毓群敢为人先、勇于开拓的闽商精神，也标志着他正式踏入了一个全新的领域，开启了二次创业的辉煌篇章。

在宁德时代的初创期，曾毓群带领团队克服了重重困难，攻克了多项技术难关。他深知技术创新是企业发展的核心动力，因此不断加大研发投入，推动电池技术的不断进步。宁德时代的快速崛起，离不开曾毓群对技术创新的执着追求和对市场需求的精准把握。随着全球对新能源产业的日益重视，曾毓群更是高瞻远瞩，积极布局全球市场。宁德时代不仅在国内建立了多个生产基地，还在海外多地设立了子公司，实现了全球范围内的生产和销售。这种全球化战略不仅提升了宁德时代的品牌影响力，也为其未来的发展奠定了坚实的基础。

曾毓群的管理风格深受闽商文化的影响，既务实又富有远见。他注重实效，强调以结果为导向，要求团队成员在工作中保持高度的责任感和执行力。同时，他也非常注重人才的培养和引进，为员工提供了广阔的发展空间和良好的福利待遇，从而吸引了大量优秀人才加入宁德时代。

在曾毓群的领导下，宁德时代形成了独特的创新文化。公司鼓励员工敢于尝试、勇于探索，不断突破技术瓶颈和市场边界。这种创新精神不仅推动了宁德时代的快速发展，也为中国新能源产业的发展注入了新的活力。此外，曾毓群还非常注重企业的可持续发展。他深知只有保持长期竞争力，企业才能走得更远。因此，宁德时代在发展过程中始终坚持绿色制造、低碳环保的理念，致力于推动新能源产业的绿色可持续发展。

综上所述，曾毓群创办宁德时代的事迹及其管理风格中深刻体现了闽商文化的独特魅力。他敢为人先、勇于创新、注重实效、培养人才、推动可持续发展的精神，不仅引领着宁德时代不断前行，也为中国新能源产业的发展树立了典范。

（三）企业文化

（1）企业愿景：立足中华文明，包容世界文化，打造世界一流创新科技公司，为人类新能源事业做出卓越贡献，为员工谋求精神和物质福祉提供奋斗平台。

（2）企业使命：创新成就客户。

（3）企业核心价值观：修己、达人、奋斗、创新。

二、闽商精神与宁德时代的共鸣

（一）创新引领，不断超越

创新，是宁德时代的核心竞争力之一。宁德时代始终追求以革命性电池技术创新，减少人类对化石能源的依赖，实现全球可持续发展的共同愿景。绿色转型是推动经济发展、企业高质量转型的强大引擎，宁德时代积极推进全生命周期解决方案创新，助力实现全球绿色低碳发展。

宁德时代研发范围涵盖材料、产品、制造、回收等电池全产业链各个环节，并通过数字化、智能化研发手段提升研发效率开展材料及材料体系创新、系统结构创新、绿色极限制造创新。公司拥有电化学储能技术国家工程研究中心、福建省锂离子电池企业重点实验室、中国合格评定国家认可委员会(CNAS)认证的测试验证中心、21C创新实验室、未来能源（上海）研究院、厦门研究院、江苏研究院等各具特色的研发机构，为持续创新提供完善组织保障与有力支撑。

不断升级先进的产品研发技术、布局智能的工艺工程系统、营造深厚的创新氛围、建构开放的创新生态，宁德时代基于全面先进的研发体系，持续围绕材料及材料体系、系统结构、绿色极限制造、商业模式进行创新这四大创新体系（见图5-4），以满足不同客户需求，为全球新能源应用提供一流的解决方案和服务，推动全球可持续转型。

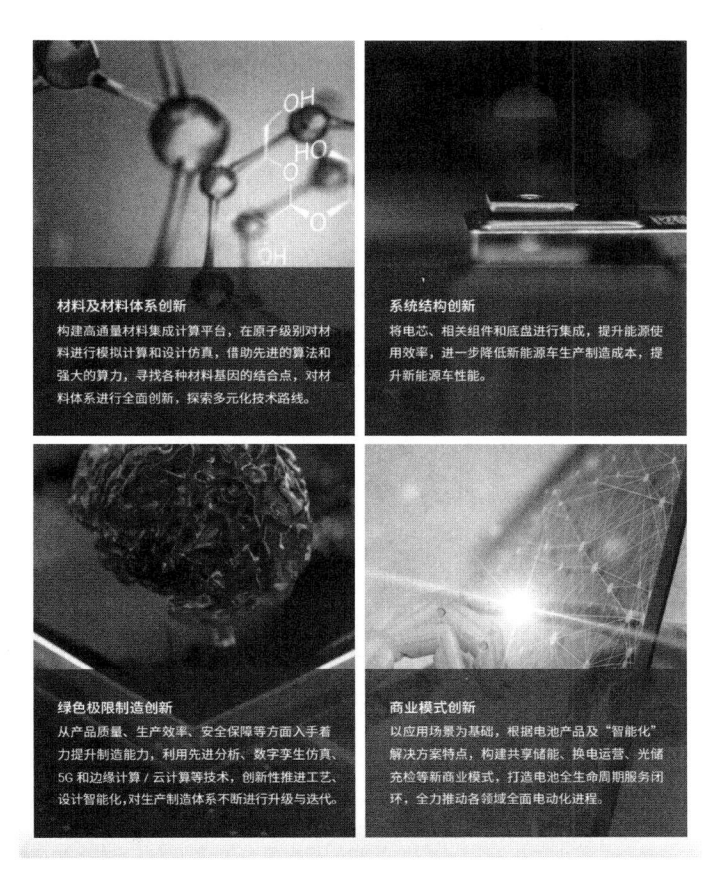

图 5-4　宁德四大创新体系

图片来源：《宁德时代 2023 环境、社会与公司治理（ESG）报告》。

（二）敢冒风险、爱拼会赢

宁德时代的核心价值观要求"奋斗"。其在新能源汽车产业尚未成熟之际，就敢于投入大量资源，进行技术研发和市场开拓，并通过不断努力，赢得了市场的认可和客户的信任，取得了显著的业绩。2018 年，宁德时代一举超越松下和比亚迪，成为全球最大的汽车动力电池供应商。这体现了闽商敢于冒险、勇于拼搏的精神。

（三）团结合作、豪侠仗义

宁德时代的核心价值观要求"达人"。宁德时代注重与产业链上下游企业的合作，与供应商、客户等建立了良好的合作关系，形成了紧密的产业链生态。此外，还与众多企业、院校合作，通过收购其他公司、成立合资公司等，持续扩大经营、共同研发创新。这体现了闽商注重团结、合作共赢的精神。

（四）恋祖爱乡、回馈桑梓

宁德时代的愿景是"立足中华文明，包容世界文化，打造世界一流创新科技公司，为人类新能源事业做出卓越贡献，为员工谋求精神和物质福祉提供奋斗平台"。宁德时代作为福建的知名企业，在带动地方经济发展、促进就业等方面发挥了积极作用。其积极履行社会责任，不仅坚持绿色发展，与全球碳中和目标紧密相连，还支持公益事业，组织慈善活动，积极参与家乡的基础设施建设、教育文化事业等，为家乡和社会的发展做出了贡献。这体现了闽商热爱家乡、回馈社会的精神。

三、宁德时代的发展与中国式现代化

（一）促进实现高质量发展

"创新成就客户"是宁德时代的企业使命，创新是企业的生命力，成就客户是宁德时代获得持续成功的保障。宁德时代十分重视供应链和客户，始终坚持诚信经营、质量为本的原则，赢得了客户的信任和市场的认可。供应链方面，宁德时代对价值链企业的ESG提出明确要求，帮助产业链企业找到可持续发展路径。客户方面，宁德时代建立高效的客户响应机制及专业的失效分析团队，每年开展不少于两次的客户拜访活动，提高服务质量，2022年客户满意度调研中持满意回复的客户比例达到88%。

在公司治理中，宁德时代致力于建立健全内部治理机制，提高治理水平和效率，确保公司的可持续发展。2019年成立可持续发展管理委员会，自上而下形成可持续发展文化，多名部门管理层被任命为分领域责任人。此外，还采取了一系列措施来提高公司的透明度，确保公司的行为符合法律法规和道德准则，如进行廉洁制度建设、廉洁文化建设、廉洁监督机制建设。

全国政协委员、宁德时代董事长曾毓群认为："未来的新能源产业竞争，不再是性价比之争，而是复杂国际形势下的资源掌控、极限制造、全球交付、大型场景应用等综合实力之争，是政策支持下和龙头企业引导下的产业集群之争。"所以宁德时代当前"必须迎难而上，国内发展不停步，坚定不移走出去，努力占领全球新能源产业制高点"。

宁德时代坚持艰苦奋斗与开拓创新的企业精神，致力于以革命性电池技术创新，减少人类对化石能源的依赖，实现全球可持续发展的共同愿景。目前拥有三个创新平台：材料创新平台、产品创新平台、智能创新平台。其中，材料创新平台是宁德时代在电化学材料领域突破性的创新平台，基于在电化学领域雄厚的技术积累和先进的研发能力，通过材料筛选、解码和改造，高效地探索具有更高性能、更可靠和更具性价比的电化学材料体系。产品创新平台是宁德时代在新能源电池产品设计、制造和应用领域集成式的创新平台，基于对电池特性的深入理解和多年的实践经验，不断实现产品的迭代创新，始终为用户提供站在时代前沿的新能源解决方案。智能创新平台是宁德时代在智能化领域的研发平台，通过智能传感、智能计算和智能协同三大研发布局，为用户提供更经济、更安全、更人性化的使用体验，让能源自由流动、高效配置。

宁德时代还研发了众多前沿技术，如：高比能技术，使电芯能量密度达330Wh/kg；长寿命技术，使寿命最高可达16年或200万公里；超快充技术，最快5分钟充至80%电量；真安全技术，采用四维安全防护，打造航天级安全电池；自控温技术，温升达6℃/min；智管理技术，实现电池24小时全周期全方位监控。2023年宁德时代研发投入合计184亿元，研发人员达20604名，研发投入强度达4.58%。

自成立以来，宁德时代始终坚持自主创新，不断攻克技术难关，秉持着善观时变、顺势而为、敢冒风险、爱拼会赢、团结合作的闽商精神，以科技创新驱动发展，在技术研发、产品创新等方面取得了突出的成就；注重产品质量，推动企业发展和社会进步，为全球新能源汽车产业的发展提供了有力支持；坚持守正经营，持续确保产品安全、信息安全、财务安全、运营安全、政治安全；消除企业及供应链中存在的诚信、道德、廉洁问题，促进了高质量发展。

（二）促进实现全体人民共同富裕

宁德时代择优引进人才，尊重员工自由发展，持续落实保障企业及供应链中的劳工权益、人权、职业健康与安全等领域的权益。截至2023年末，宁德时代有员工近12万人，开展各类型员工技能提升培训，提供内部晋升留任机会，女性员工占比持续上升。2023年员工培训覆盖率达到100%，实现了全员培训。薪酬方面，2023年宁德时代人均薪酬达到23万元，同比增长24%，创历史新高。

宁德时代始终秉承企业发展与履行社会责任和谐共融的理念，在社区发展、教育助学、应急救灾、环境保护、文体事业多个社会公益领域持续深耕，通过专项慈善基金与资金捐赠等方式，切实履行企业公民责任，推动社会价值共创。2023年，宁德时代共计对外捐赠16940.24万元。包括：向宁德市慈善总会、宁德市蕉城区慈善总会各捐赠5000万元，共计10000万元，成立"宁德时代宁德慈善基金"与"宁德时代蕉城慈善基金",用于支持宁德市、蕉城区开展民生、医疗、教育等慈善公益事业；向北京光彩公益基金会捐赠 1000 万元，帮助改善贵州省织金县条件；向北京师范大学、上海交通大学、厦门大学等高校教育基金共计捐赠 240.50 万元；向福建省青少年发展基金会等当地教育基金会及慈善会捐赠 143.30 万元；向中国绿化基金会捐赠共计 280 万元，种下 40000 棵胡杨树，助力构建绿色生态屏障；向北京光彩公益基金会捐赠 2500 万元，用于改善农村医疗设施条件，保障群众生命健康安全；等等。

此外，还积极探索助力乡村振兴的长效机制，发挥自身资源与能力优势，持续开展稳定就业、教育振兴、产业振兴等多元化乡村振兴工作，提升当地经济的自主造血能力，推动脱贫攻坚成果同乡村振兴的有效衔接。

宁德时代秉持着恋祖爱乡、回馈桑梓的闽商精神，为宁德脱贫攻坚、乡村振兴、慈善公益等事业积极作为，支持乡村产业振兴、教育发展，为社会事业发展发挥了积极的作用。与陈嘉庚的爱国爱乡、回馈桑梓的精神相呼应，符合其"忠"和"义"的品质，旨在促进实现全体人民共同富裕。

（三）促进人与自然和谐共生

宁德时代积极响应国家绿色发展号召，通过技术创新推动新能源产业发展，为实现碳达峰、碳中和目标贡献力量。持续将 ESG（环境、社会与公司治理）指标视为核心竞争力，关注企业及供应链中的环境保护、可再生能源使用、节能减排、资源回收利用等环节，倡导"绿色循环经济"。

宁德时代坚持绿色发展理念，将减碳贯穿全产业链。为此，明确了自上而下、由内向外的减碳治理思路，发布了全球锂电产业最具挑战的碳中和目标：到 2025 年实现核心运营的碳中和，到 2035 年实现整个价值链的碳中和。2023 年，宁德时代全方位加强自身碳减排力度：实施了 538 项节能措施；零碳电力使用比例大幅提升至 65.4%；单位产品温室气体排放量下降 45.6%；成功点亮 4 座零碳工厂。同时，积极构建循环经济体系，子公司邦普循环全年回收 10 万吨废旧电池并再生 1.3 万吨碳酸锂。此外，自主开发了"时代碳链"数字化平台，为电池全产业链协同降碳提供数字化工具；推进了第二期"CREDIT"价值链可持续透明度审核，与生态伙伴共同推动供应链的可持续发展。

值得一提的是，2023 年宁德时代加入了联合国全球契约组织（United Nations Global Compact，UNGC）这一全球最大的可持续发展推进组织，以行动践行承诺，更好地推动可持续发展目标进程。同时荣获十大"中国 ESG 榜样"企业、"2023 福布斯中国 ESG 创新企业"等多项国际权威机构颁发的奖项与荣誉，国际主流 ESG 评级在行业内保持领先，这更加坚定了宁德时代应对气候变化、推动能源转型的信心和决心。

宁德时代践行绿色发展理念，推动新能源汽车产业的可持续发展，促进了人与自然和谐共生的现代化，回馈了社会和国家。

（四）推动构建人类命运共同体

中国式现代化的本质要求提到"推动构建人类命运共同体，创造人类文明新形态"。宁德时代在发展过程中，积极引进国际先进技术和管理经验，与全球多家知名企业建立合作关系，坚持团结、合作、共赢的精神。其国际化战略布局不仅提升了自身竞争力，为中国新能源汽车产业走向世界奠定了基础，也促进了全球新能源汽车产业的发展与进步，对构建人类命运共同体有推动作用。

宁德时代作为新能源领域的佼佼者，不仅凭借其卓越的技术实力和市场表现赢得了业界的广泛认可，更在发展战略和企业文化中深刻体现了陈嘉庚闽商智慧。宁德时代在新时代继承和发展了闽商精神，并将其与中国式现代化相结合，走出了自己的道路。曾毓群表示："宁德时代牢记产业报国、实业强国初心使命，十万员工决心在新能源赛道上奋勇拼搏，争做世界一流企业，为推进中国式现代化做出新的贡献。"

民营经济是新时代推进中国式现代化建设的重要力量，已成为中国特色社会主义的重要经济基础，是加快构建新发展格局、实现经济高质量发展、扎实推进共同富裕、实现国家高水平科技自立自强、推进经济全球化、全面建设社会主义现代化强国的重要力量。相信在未来，宁德时代将有更好的发展，并做出更大的贡献。

第三节 抖音公司：激发创造，丰富生活

一、抖音公司企业文化

（一）抖音公司概况

抖音有限公司（曾用名"字节跳动有限公司"，下文简称"抖音公司"），是一家成立于2012年的全球领先的科技公司，总部位于中国北京。抖音公司以其技术创新和智能推荐技术为核心驱动力，成功打造了多个广受欢迎的互联网平台，深刻改变了人们的数字生活方式。其核心产品包括抖音、今日头条、西瓜视频等，这些产品以其独特的算法和丰富的内容吸引了全球数亿用户，成为社交媒体领域的一股强劲力量。抖音公司不仅在国内市场占据领先地位，还通过TikTok（抖音海外版）等产品在海外市场取得了巨大成功，展现了其全球化的战略视野和强大的市场竞争力。

抖音公司的业务范围广泛，除了今日头条客户端外，还包括抖音、悟空问答、西瓜视频、火山小视频、快马、花熊、激萌、图虫、懂车帝等，如图5-5所示。公司以技术开发、技术推广、技术转让、技术咨询、技术服务为主要经营范围，致力于将人工智能等科技应用到社会，推动社会进步。

图5-5 抖音旗下的部分品牌Logo

在胡润研究院发布的"2024全球独角兽榜"中，抖音公司以1.56万

亿元人民币的价值连续第三年成为全球价值最高的独角兽公司。在胡润发布的"2024胡润全球富豪榜"中，抖音公司创始人张一鸣以2450亿元的身价位列中国第四。

（二）抖音公司创始人及其管理风格

张一鸣，抖音公司的创始人，以其独特的管理风格在全球科技企业中树立了新的标杆。他的管理理念强调"Context, not Control"（情景管理，而不是控制管理），即在决策过程中更多地依赖于上下文信息而非控制机制。这种思想反映了他对组织结构和员工自主性的深刻理解，鼓励团队成员基于对公司目标、市场环境和行业格局的深入了解来做出判断，而不是单纯执行上级指令。张一鸣认为，这样可以激发员工的创造力，加速决策过程，并且使公司能够更灵活地应对快速变化的市场。闽商的灵活性体现在多个方面。首先是在商业模式的创新上，闽商们敢于尝试新的商业模式，不拘泥于传统，勇于探索未知领域。其次，在经营策略上，他们能够根据市场的变化快速调整策略，以应对不断变化的商业环境。再者，在产品开发上，闽商精神鼓励创新思维，推动产品不断升级换代，满足市场需求。此外，闽商在全球化布局上也表现出了极强的灵活性，他们的商业足迹遍布世界各地，能够跨文化交流，融入不同的市场环境。"Context, not Control"管理理念是在现代互联网行业对闽商灵活求变精神的一种继承，这种管理方式在抖音公司快速成长的过程中发挥了关键作用，帮助公司在短时间内从一个不起眼的创业公司成长为互联网领域的巨头。

张一鸣曾在抖音公司内部推行了一系列创新的管理措施。比如，他反对内部的等级制度和拍马屁文化，推崇平等和开放的交流环境。在他的领导下，抖音公司员工的自主创造力得到了充分激发，其无边界扩张的战略大获成功，大举进军视频、资讯、电商、教育、游戏、社交等多个领域，开发出了抖音、头条、火山等一系列现象级应用，由此成为互联网领域的超级独角兽。这些成就不仅仅是技术创新的结果，也是张一鸣独特管理风格和理念的体现。

（三）抖音公司企业文化

抖音公司作为一家全球领先的科技公司，其企业文化与闽商精神有着诸多相通之处，自创立以来，抖音公司以"始终创业、多元兼容、坦诚清晰、求真务实、敢为极致、共同成长"的"字节范"作为企业文化的重要组成部分，并以"正直向善、科技创新、创造价值、担当责任、合作共赢"作为社会责任理念。

抖音公司的"始终创业"精神，与闽商的创新求变、放眼全球的商业品格不谋而合。在抖音公司，这种精神体现为持续的创新和对优秀成果的追求，正如闽商在不断变化的市场中寻找新的商机和挑战。抖音公司的"多元兼容"价值观，与闽商的合群团结、豪侠仗义相呼应，强调团队的多样性和包容性，这也是闽商能够跨越国界、文化的重要因素。抖音公司的"求真务实"与闽商的实事求是、脚踏实地有着共鸣，都强调了以事实为基础的决策和行动。此外，抖音公司的"敢为极致"，与闽商的敢冒风险、爱拼会赢的精神相得益彰，都鼓励在确保整体回报的前提下，勇于尝试和创新。抖音公司的企业文化，不仅在其产品和服务中体现，也在其社会责任实践中显现。公司以"正直向善、科技创新、创造价值、担当责任、合作共赢"为社会责任理念，与闽商的"达则兼济天下、归则反哺桑梓"的情怀相映成趣。抖音公司的企业文化在许多方面体现了对闽商精神的传承与发扬，它们共同强调了创新、多元、实效和社会责任，这些都是现代企业成功的关键要素。闽商精神，以其敢为天下先、爱拼才会赢的特质，历经千年仍影响着当代闽商企业的企业文化。

二、闽商精神与抖音公司的共鸣

（一）革故鼎新、顺势而为

抖音公司是一家以技术为驱动力的公司，拥有优秀的产品研发实力和创新迭代速度。另外，组织架构与产品矩阵是其区别于其他互联网公司的两大核心。抖音公司没有构建前中台一体的业务线组织架构，而是采用以大中台为支撑，轻量前台快速试错的组织架构。这样的组织架构能够帮助企业以灵活的形式在不同领域不断试错，寻找增长的空间，从而找到产品的重点发展方向。此举让抖音公司在今日头条产品陷于瓶颈期时仍能推出抖音应用并使其快速成长。

区别于腾讯的产品决定资源、阿里巴巴的GMV（商品交易总额）决定资源，决定抖音公司资源流动的是数据，抖音公司的整体原则就是将所有的指标进行字节的量化。传统认为互联网企业成功的原因在于能有成功的App产品，从微信、QQ到微博、淘宝，都是聚焦在一个产品获得成功，产品矩阵的战法有可能会分散流量、争夺资源，对内部组织形式和管理带来极大的挑战。抖音公司的矩阵化产品排布的背后，是以算法和技术为核心快速迭代的数据架构与组织架构。抖音公司矩阵化的产品排布和以信息流为核心的业务对系统的可拓展性和性能有非常高的要求。矩阵中不同的产品，例如今日头条、抖音、飞书（企业服务类）、GoGokid（教育类）的业务模型截然不同，同时规模非常大，因此，字节的基础架构与组织架构全部围绕一个主题：如何在系统稳定的前提下，提升系统的可控性，同时降低系统成本。

抖音公司目前创新性地创立了抖音、今日头条、飞书、懂车帝等产品，以此构建了"资讯分发＋内容社区＋短视频＋海外"的核心业务矩阵。另外，抖音公司平台以推荐算法为工具、内容平台为载体，构建起以通用信息平台和视频社交平台两大平台为主的产品矩阵。通用信息平台和视频社交平台主要以今日头条和抖音（国内）、Tik-tok（国外）为核心，两大平台相互协同，吸引了庞大的用户群，并建立起极强的用户黏性。除此之外，抖音公司还向各个垂直领域进行扩张：在垂直社区领域，2017年8月上线汽车媒体与服务平台懂车帝，通过推荐算法帮助用户寻找感兴趣的汽车内容；在教育领域，2018年推出专注于4~12岁少儿的北美外教一对一英语教育平台GoGoKid英语；在企业服务领域，基于自身积累推出企业办公套件Lark（国外）和飞书（国内）。此外，还运营有轻颜相机等手机拍照软件。抖音公司的这些创新性产品研发与运营战略，体现了陈嘉庚闽商智慧中的敢试敢闯、出奇制胜的创新精神。

（二）敢于冒险、布局国际

跨国并购不仅受国家制度、文化差异、经济环境、政治法律等宏观因素影响，还受到企业自身管理能力、支付方式和并购经验等微观因素的影响，导致跨国并购风险复杂多样。其中，信息不对称风险、政治风险、法律风险、整合风险和财务风险是跨国并购中最为常见的风险。

由于国内竞争加剧，为了保持盈利的目标和公司的战略目标，抖音公司也走上了国际化的布局。抖音公司最初的国际化模式是复制国内发展模式，出海产品包括短视频、新闻资讯等领域，通过复制国内成功产品模式的经验，快速进入国际市场。另外，公司将在国内发展历程中积累的用户需求理解能力运用到分析国际用户的需求中来促进产品的迭代，在国际化发展时也采取对国际网红、名人进行流量扶持，从而扩大抖音公司产品在国际的影响力。同时，抖音公司的国际化进入模式是采取收购和并购的方式快速进入国际市场的，通常是收购国际市场中东道国当地久负盛名的同类型软件，或者并购东道国当地市场的竞争对手。例如今日头条进入印度和印尼市场时，投资印度内容整合平台Dailyhunt、印尼新闻推荐系统BABE，从而快速获取了东道国当地的新闻类市场的市场份额；TikTok进驻美国市场时收购了在美国短视频类App中占有较高市场份额的短视频平台Musical.ly，这一成功的收购帮助TikTok顺利地打开美国市场的局面。

随着发展需要，抖音公司的国际化战略也不断深入探索，诸如：通过中心城市辐射区域发展，以美国为中心辐射美洲地区的市场；对海外产品进行优化升级，面对不同国家的差异化需求时能设计不同的产品功能，提升公司的用户规模和知名度；适应当地政策，招聘长期从事相关领域的专业人士来处理公关及政府关系，以及时解决国际化过程中变幻莫测的政府和国际关系。抖音公司在国际化发展过程中展现出其对风险的把控能力，并敢于做出冒险决策，为了公司利益最大化而勇于开拓新市场，这与陈嘉庚闽商智慧中的冒险精神不谋而合。

（三）爱国爱乡、热衷公益

抖音公司坚持用信息技术回馈社会，并长期履行社会责任、关注社会突发事件，积极贡献企业力量。企业的社会责任履行包括：乡村发展、公益平台建设、古籍保护、数字包容和应急救助等多个领域。如通过产品助力团圆，"头条寻人"帮助近2万个家庭团圆；积极践行社会责任，助力文旅扶贫；鼓励员工结合产品和业务，用创新的手段积极参与到社会问题的解决中。抖音公司还积极推动院校教育公益，累计为几百所院校的数万名师生提供数字媒体及产业数字化认知培训及课程服务，通过抖音、今日头条等平台积极促进各类就业、创业培训，搭建服务平台发起各类校招活动，助力学生就业。抖音公司热心公益的这些举措，体现了陈嘉庚闽商智慧中爱国爱乡、回馈社会的精神，为和谐社会的建设贡献自己的力量。

三、抖音公司发展与中国式现代化

（一）促进实现高质量发展

中国式现代化是科技驱动的现代化。习近平总书记在党的二十大报告中将科技现代化视为中国式现代化的重要内容，为我们指明了方向。抖音公司的发展离不开其数字技术。抖音公司采用了"大数据分析抓取+人工智能计算推送"的方法，对信息与内容进行分发，并通过电脑视觉、人机交互等技术手段提升互动效果，以此增强产品中的用户黏性，使得抖音公司在短视频领域的竞争优势更加明显。抖音公司还建立了新一代人工智能研究院（AI Lab），以进一步巩固科技基础，同时通过研究先进科学技术，成功地将研究成果充分运用到信息技术相关内容的创造、传递、交换、管理工作中的各个过程，进一步有效优化了用户与信息技术的交互。

抖音公司自成立以来，不断推出新应用，建立包含资讯、短视频、教育、游戏等领域的产品矩阵，并以自身的数据技术作为底层技术反哺产品矩阵的迭代发展。正是从资讯、短视频两大核心矩阵中获得庞大的用户群，帮助企业获得大量的有用数据。抖音公司的发展推动了科技现代化，带领消费者获得更美好的、更便捷的用户体验，改变了人们的生活方式和节奏。除了应用层面的软件，抖音公司还注重 AI 技术的开发。2020 年 6 月 22 日，抖音公司正式上线火山引擎，致力于将抖音公司在快速发展过程中积累的增长方法、技术能力和应用工具开放给外部企业，帮助企业构建体验创新、数据驱动和敏捷迭代等数字化能力。火山引擎上线后持续推出多项创新服务，提供了一系列云服务和解决方案，包括但不限于数据飞轮、视频直播解决方案、豆包大模型、火山方舟等。火山引擎与多家知名企业建立了合作关系，共同推进 AI 转型和数字化升级。例如，在 2024 年春季火山引擎 Force 原动力大会上，火山引擎与 OPPO、vivo、荣耀、小米、三星、华硕宣布成立智能终端大模型联盟。

自成立以来，抖音公司坚持始终创业的初衷：始终开创而不守成，创新而非依赖资源；重视多元兼容，产品跨越多个行业和多个国家，能够理解不同文化，进行有效合作；管理上注重坦诚清晰，鼓励表达真实想法，反对"向上管理"；行动上鼓励敢为极致，鼓励勇敢地为了更好的结果明智地冒险，注重整体投资回报率，尝试多种可能性。抖音公司的创新创业精神为社会大众提供了丰富实用的软件产品，从教育、办公、购物、社交等领域改变了人们的生活，提高了人们的生活质量，从中体现出勇于开拓的闽商精神。以数字技术创新驱动社会发展，并且注重产品的迭代发展以及不同文化背景下的差异化设计，对我国社会进步以及对中国企业跨国发展具有推动和借鉴作用，为我国的软件业发展提供了有力支持，以高质量发展推进中国式现代化。

（二）促进实现全体人民共同富裕

共同富裕对中华民族伟大复兴有着重要意义，共同富裕的理念则进一步强调了物质和精神两个层面的富裕。它不仅关注人们的物质生活条件，也重视精神生活的丰富和提升。通过促进共同富裕，不仅可以提高人民的物质生活水平，还能丰富人们的精神世界，从而实现更高层次的全面发展。共同富裕与促进人的全面发展是相辅相成的，二者在目标和实现路径上高度一致。

"抖音乡村计划"①是由抖音公司发起的专注于乡村发展的公益项目，依托公司数字化的技术和能力，从农产品销售、乡村文旅、人才培育、信息普惠、慈善募捐等维度，传播乡村文化，宣传乡村美景好物，助力农民增收、产业增效。

"抖音乡村计划"包含四个项目：

（1）"山货上头条"项目，聚焦乡村产业，通过建立商品标准、巩固商业基础、发展市场主体、拓展营销渠道、培育区域公用品牌的方法，助力乡村产业发展，带动农户增收就业。2021年9月至2022年9月，共助力28.3亿单农特产通过抖音电商出村进城、卖向大江南北；三农电商达人数量同比增长252%，农货商家数量同比增长152%；三农电商挂车短视频播放了2873亿次，电商直播间里讲解农产品的时长累计达到3195万小时。商城带动的农特产销量同比增长了527%，搜索和店铺橱窗带动的农特产销量同比增幅也都在300%以上。2022年9月至2023年9月，抖音电商共助销农特产47.3亿单，平均每天就有1300万个农特产的包裹，通过抖音电商销往全国各地，货架场景带动的农特产销量同比增幅达到137%。

（2）"山里DOU是好风光"项目，基于抖音平台的技术和能力，通过整合"人、文、旅"打造乡村文旅的消费新场景，探索实现乡村文旅资源价值的新业态。该项目2022年落地贵州、广西、四川等10个省份，覆盖400多个县域，助力2000余个乡村文旅商家、销售乡村文旅产品超4亿元；2023年在浙江、福建、陕西、广西等地开展相关落地公益活动，乡村文旅长期扶持计划涉及云南、重庆、江西、贵州等十省份，线上活动覆盖全国31个省份830余个县域，共有超1.5万个乡村文旅经营主体参加，累计成交额超18亿元，相关抖音话题播放量超30亿次。

（3）"乡村守护人"项目，以助力乡村发展的"人"为基础，链接社会各界力量建立资源平台，共同助力乡村发展。该项目扶持各类专业人才超过万名，扶持地域遍布全国各地，专业覆盖三农、美食、知识科普、电商、旅游探访、文化艺术、公益、基层治理等领域。这些人才带动各地助农产品销售额达30亿元，乡村优质内容传播超过4500亿次。

（4）"乡村英才计划"项目，是抖音数字学堂为促进乡村发展、推动乡村数字化人才培养发起的公益项目，面向乡村发展的企业、个人和青年学生提供商业管理、数字

---

① "抖音乡村计划"相关数据资料来源于：http://gongyi.people.com.cn/GB/413802/458073/458153/index.html?article_id=11047。

新媒体和产业数字化相关的知识、技能和素养培训。截至 2022 年，该项目已经覆盖 8 个省 30 市，完成培训人次 20 万人，合作院校 700 余家，累计建立师资库 100 余人，精品视频课程资源 260 余节，资源容量 6000 分钟。2022 年，乡村商学堂和 47 家学员企业开展了为期半年以上的学习，在学习期间，学员企业整体增长势能强劲，47 家学员企业，年营收增长率达到 47.8%，对比 2021 年年营收增长率为 18.1%，企业增速进一步加快，总体市场竞争力增强。同时，学员企业持续进行商业模式创新，加速二三产融合，拓展各类渠道，加速抖音等线上平台业务布局，消费端业务营收占比达到 37.0%，较 2021 年提升 14.1 个百分点。

除了在乡村地区，在全社会上，字节跳动也在承担着社会责任。新冠肺炎疫情期间，抖音公司向中国红十字基金会捐赠 2 亿元，发起设立 "医务人道救助基金"。公开报道显示，抖音公司此后多次追加投入，还接受了一些企业和个人的自发定向捐赠。截至 2020 年底，该基金总额已达 4.46 亿元，是当时中国规模最大的医务工作者人道救助基金。此外，今日头条、抖音、西瓜视频还联合发起 "战疫助农" 活动，截至 2020 年 7 月 31 日帮助销售农产品价值 5.33 亿元。其间，飞书宣布向公众免费开放，帮助近 4 万家企业实现远程办公；巨量引擎推出 "中小企业复苏扶持计划"，采取企业号免费认证、广告赠款、流量扶持等措施，全年补贴金额超 5 亿元，助力 100 万企业主复产。

习近平总书记强调："实现共同富裕是一个长期任务，必须久久为功，咬定青山不放松，不断取得新进展。" 抖音公司不断推出公益项目，助力乡村发展，与陈嘉庚的爱国爱乡精神相呼应，促进实现全体人民共同富裕。

抖音公司在社会责任、教育、创新等方面的努力，不仅体现了陈嘉庚闽商智慧，也为中国式现代化做出了重要贡献。其扶贫项目、教育支持、科技创新等方面的举措，不仅推动了经济的发展和社会的进步，也为其他企业和个人树立了良好的榜样。通过这种方式，抖音公司不仅实现了自身的商业成功，也为社会的和谐与进步做出了积极的贡献。

参考文献

[1] 欧阳修，宋祁. 新唐书·地理志 [M]. 北京：中华书局，1975.

[2] 徐兢. 宣和奉使高丽图经 [M]. 北京：国家图书馆出版社，2009.

[3] 包何. 送李使君赴泉州诗 [M]// 彭定求. 全唐诗. 卷 208. 北京：中华书局，1960.

[4] 吴任臣. 十国春秋 [M]. 北京：中华书局，1983.

[5] 陶谷. 清异录 [M]. 北京：中国商业出版社，2010.

[6] 吴自牧. 梦粱录 [M]. 杭州：浙江人民出版社，1981.

[7] 苏轼. 乞令高丽僧从泉州归国 [M]// 张志烈，周德富，周裕楷. 苏轼全集校注. 石家庄：河北人民出版社，2010.

[8] 朴真奭. 中朝经济文化交流史研究 [M]. 沈阳：辽宁人民出版社，1984.

[9] 王德颂. 历代名臣奏议（宋代部分）研究 [D]. 石家庄：河北大学，2010.

[10] 宋濂. 元史 [M]. 北京：中华书局，1975.

[11] 脱脱. 宋史：卷 489[M]. 北京：中华书局，1977.

[12] 怀效锋. 大明律 [M]. 北京：法律出版社，1999.

[13] 谭洪安. 商帮变形记：闽商 [M]. 北京：中信出版社，2014.

[14] 魏源. 海国图志 [M]. 第四册. 长沙：岳麓书社，2021.

[15] 林桂桢，应洁. 陈嘉庚：奠定新中国航运业基石 [N]. 厦门日报，2017-06-09（A03）.

[16] 林斯丰. 陈嘉庚精神读本 [M]. 厦门：厦门大学出版社，2007.

[17] 夏蒙. 第一公民：陈嘉庚传 [M]. 北京：中国友谊出版公司，2013.

[18] 林畅. 陈嘉庚传奇 [M]. 北京：新世界出版社，2014.

[19] 刘正英，黄顺通. 陈嘉庚与厦门大学 [M]. 福州：福建人民出版社，1994.

[20] 贺春旎. 陈嘉庚：华侨旗帜民族光辉 [M]. 福州：福建人民出版社，1994.

[21] 黄炎培. 陈嘉庚毁家兴学记 [M]// 余子侠. 黄炎培卷. 北京：中国人民大学出

版社，2015.

[22] 吴曦，陈璇. 嘉庚精神立校诚毅品格树人 [N]. 厦门日报，2023-10-21(A09).

[23] 林靖. 嘉庚精神涵育大学生社会主义核心价值观路径探究 [J]. 湖南工业职业技术学院学报，2020，20(6)：31-34.

[24] 朱立文. 陈嘉庚言论新集 [M]. 厦门：厦门大学出版社，2013.

[25] 鄢姿. 论嘉庚精神对闽南近代华侨倾资兴学的影响 [J]. 科技展望，2016，26(8)：336-337.

[26] 田圆. 兴学育才 逐梦深蓝——陈嘉庚创办航海教育培养海洋人才侧记 [N]. 福建日报，2024-05-24(007).

[27] 张希哲. 嘉庚精神，那是来自集美不变的守望 [J]. 中国共青团，2024(2)：30-31.

[28] 王耀杰. 赓续嘉庚精神彰显时代价值 [N]. 厦门日报，2023-09-18(A11).

[29] 中华人民共和国国务院新闻办公室. 共建"一带一路"：构建人类命运共同体的重大实践 [N]. 人民日报，2023-10-11(010).

[30] 肖仕平，周煜. 陈嘉庚的民族复兴意识及实践路径转变——以党百年奋斗主题为视角 [J]. 集美大学学报(哲学社会科学版)，2022，25(5)：33-41.

[31] 陈蓉祯. 爱国侨领陈嘉庚对祖国抗日战争的历史贡献及启示 [J]. 长春大学学报，2016，26(3)：89-92.

[32] 张月梅，臧雪莹. 乡村振兴战略下美丽乡村建设路径探索 [J]. 经济研究导刊，2024(3)：1-4.

[33] 王雯慧. 以科技创新推动乡村全面振兴 [J]. 科技创新与品牌，2023(2)：36.

[34] 朱立文. 陈嘉庚言论新集 [M]. 厦门：厦门大学出版社，2013.

[35] 邢小强，汤新慧，王珏，等. 数字平台履责与共享价值创造——基于字节跳动扶贫的案例研究 [J]. 管理世界，2021，37(12)：152-176.

[36] 木志荣. 陈嘉庚创业管理之道 [M]. 厦门：厦门大学出版社，2022.

[37] 林德时. 嘉庚精神简明读本 [M]. 厦门：厦门大学出版社，2014.

[38] 陈嘉庚. 南侨回忆录 [M]. 厦门：厦门大学出版社，2022.

[39] 鼓浪屿侨联. 鼓浪屿华侨 [M]. 厦门：厦门大学出版社，2017.

[40] 苏文菁. 闽商发展史. 总论卷. 近代部分 [M]. 厦门：厦门大学出版社，2013.

后记

能以《陈嘉庚闽商智慧》一书向陈嘉庚这位伟大的爱国华侨领袖、企业家、教育家、慈善家、社会活动家致敬,我深感荣幸。

陈嘉庚先生,作为闽商的杰出代表,他的一生便是闽商精神的生动诠释。他倾尽家财兴办教育,矢志不渝地支持国家建设,展现了闽南人敢为人先、无私奉献的高尚情操。

我自幼在闽南这片充满历史底蕴的土地上成长,深切地感受到了闽南人"爱拼才会赢"的精神。从1980年入读厦门大学计算机科学系控制理论专业,到1984年在计算机与系统科学系运筹学与控制论专业攻读硕士研究生,再到1987年毕业留校,后在厦门大学经济学院和管理学院从事教学与科研工作,并于2006年担任厦门大学继续教育学院院长,我成长的每一步,都深深烙印着陈嘉庚校主精神的痕迹。陈嘉庚先生不仅是厦门大学的奠基者,更是无数闽商心中的"灯塔",他倾资兴学、爱国爱乡的崇高精神,始终激励着我砥砺前行,不断追求卓越。在管理学院的教学与科研工作中,我始终将校主精神融入课堂,希望学生们能够从中汲取力量,成为有担当、有情怀的新时代企业管理者。

2017年12月初,我受命担任厦门大学出版社社长一职。从一名教育者到企业管理者的转型,不仅是我职业生涯的一次重大跨越,更是我对企业家精神理解不断深化的过程。在教育领域深耕多年,我始终坚信知识的力量与教育的价值。当我踏入企业管理的世界,我意识到,除了专业技能和战略眼光,企业家所承担的社会责任同样重要。陈嘉庚先生倾尽家财兴办教育,用实际行动诠释了"取之于社会,用之于社会"的理念,让我对企业家的角色有了全新的认识。这种超越个人利益、勇于担当社会责任的精神,成为我在企业管理过程中不断追求的目标。在企业管理过程中,我逐渐认识到,企业的成功不仅仅体现在经济效益上,更在于为社会创造价值、为员工创造福祉上。这种全面而深远的社会责任感,要求企业家不仅要具备敏锐的市场洞察力和卓越的领导力，更要拥有高尚的道德情操和深远的精神追求。本书的撰写，正是我对企业家社会责任理解的一次深刻总结。通过深入挖掘陈嘉庚先生的生平事迹和精神内核，我试图向读者展现一位真正意义上的企业家应有的风貌——他不仅是一位伟大的爱国者、著名的实业家，还是一位热心办学的卓越教育家和敢于创新、勇于突破的先行者。他善于捕捉商机、洞察市场需求，他勇于尝试新的经营模式和管理方法，他注重科技研发和人才培养，为企业和教育事业的发展注入源源不断的动力。

作为一名出版工作者，我深知图书出版对于文化传承的重要性。在接触大量与陈嘉庚有关的图书资料后，我深感有必要撰写一本能够全面反映陈嘉庚闽商智慧的著作。这不仅是对历史的尊重，更是对未来的期许。在撰写本书的过程中，我广泛搜集了闽商在不同历史时期的奋斗故事和成功案例，试图通过这些鲜活的事例，展现闽商在中国乃至世界经济发展史上的独特贡献和重要地位。更重要的是，我希望这本书能够让读者了解陈嘉庚先生的伟大事迹，感受闽商精神的独特魅力，进而激发更多人投身于国家建设、民族复兴的伟大事业中。在本书中，我特别强调了新时代背景下闽商精神的传承与发展。随着中国式现代化的不断推进，闽商面临着前所未有的发展机遇和挑战。我也特别关注了新时代闽商如何以实际行动反哺家乡、走向世界的故事，这些生动的案例让陈嘉庚闽商智慧在新时代焕发出新的光彩。我坚信，只要闽商们继续发扬闽商精神，勇于创新、敢于担当，就一定能够在新的历史征程中再创辉煌。

最后，我非常感谢在本书编写过程中给予我支持和帮助的各位同仁、专家学者以及企业家朋友们。衷心希望本书能够成为连接过去与未来、传承与创新的桥梁，激励更多的企业家和青年在新时代的征程中不忘初心、牢记使命，为实现中华民族伟大复兴的中国梦贡献自己的力量。

郑文礼

2024 年 9 月于福建厦门